박목사의 대길교회 이야기
Daegil Church Renovation

가리온

박목사의 대길교회 이야기

Daegil Church Renovation

박현식 / 지음

박목사의 대길교회 이야기

1판 1쇄 인쇄 / 2001. 11. 1
1판 2쇄 발행 / 2002. 2. 20

지은이 / 박현식
발행처 / 가리온
발행인 / 양우식

등록번호 / 제 17-152호
등록일자 / 1993. 4. 9

서울특별시 금천구 독산동 1000-7
전화 02)892-7246 팩시밀리 02)892-7247

총판 : 도서출판 두란노
서울특별시 용산구 서빙고동 95번지
전화 02)794-5100 팩시밀리 02)797-0965

저작권자 ⓒ 2001 박현식
이 책의 저작권은 저자에게 있습니다. 서면에 의한 저자의 허락 없이
내용의 일부를 인용하거나 발췌하는 것을 금합니다.

LIBERTY BAPTIST THEOLOGICAL SEMINARY

DAEGIL PRESBYTERIAN CHURCH RENOVATION: ANOTHER OPPORTUNITY AT A CRISIS, AS A TRADITIONAL CHURCH IN KOERA

A Dissertation Project Submitted to

Liberty Baptist Theological seminary in partial fulfillment of the

requirements

for the degree

DOCTOR OF MINISTRY

BY

HYUN SIK, PARK

LYNCHBURG VIRGINIA

31 MAR. 2000

추천사

　박현식 목사님은 그 탁월한 지도력과 뛰어난 영적 감각으로 우리 교단 안에서 역사와 전통을 자랑하는 대길 교회에 부임하여 또 다른 차원에서 교회를 성장시킴으로서 차세대 선두주자로 많은 선후배 동역자들이 기대하고 있는 엘리트 목회자입니다.

　금번에 출간하는 이 책은 전통적인 장로교회를 어떻게 하면 성경적이면서도 이 시대 환경에 부합하게 갱신할 수 있을까를 고심하면서 연구한 목회학 박사 학위 논문입니다.

　진리는 영원히 변할 수 없지만 그 진리를 적용하는 방법은 그 시대 환경과 대상에 따라서 끊임없이 연구 검토되고 새로워져야 한다는 관점에서 볼 때 금번 박 목사님의 논문은 참으로 시의 적절한 것일 뿐 아니라 그 가치를 높이 평가해야 합니다.

　특히 금번 출간하는 이 책의 내용은 이론에만 치중한 것이 아니며 직접 목회현장에서 실천하여 많은 열매를 맺고 있을 뿐 아니라 교회가 눈에 보이도록 성장하고 있습니다.

그래서 평소에 교회 갱신을 추구하며 올바른 목회철학을 가지고 목회하기를 바라는 목회자 여러분들과 목회를 지망하는 후학들에게 이 책을 서슴없이 추천하면서 일독을 권하는 바입니다.

교회 내부를 완전히 새롭게 단장하고 교육관까지 완공하여 미래를 향하여 큰 꿈을 가지고 금년에 45주년을 맞이하는 대길 교회와 박현식 목사님의 앞날에 하나님의 놀라우신 은총이 함께 하시기를 기원합니다.

2001년 10월

예종탁 목사
동현교회 담임목사
대한예수교장로회 총회장

추천사

목회자들의 자기성찰을 통한 교회갱신을 향한 노력은 새로운 세기 한국교회의 가장 중요한 화두(話頭)입니다.

이런 상황에서 교회갱신을 향한 열정을 품고 긴 시간 함께 동역 해온 박현식 목사님께서 목회현장에서 직접 체득한 귀한 이야기를 한 권의 책으로 묶어 출판하게 된 것은 참으로 기쁘고 다행한 일로 생각합니다.

교회갱신을 해야한다는 소리를 높이기는 쉽지만 실제로 교회갱신을 자신의 사역 속에서 녹여 내고 구체적인 결실을 얻어내기란 대단히 어려운 일임에 분명합니다. 그러나 박현식 목사님은 소리만 지르고 공허한 메아리만 일으킨 것이 아니라 바른 목회의 방향을 분명히 정하고 소신 있게 교회의 리노베이션을 위해 오랫동안 기도하며 매진해 왔습니다. 박목사님은 이 책에서 구체적인 교회 리노베이션의 과정과, 그 과정 속에서 일어날 수 있는 부대적 상황들을 현장감 있게 소개하고 있습니다. 만약 목회현장에서 교회갱신을 꿈꾸는 분들이라면 이 책이 큰 도움이 되리라 믿습니다.

교회갱신은 항상 목회자 자신의 갱신을 전제로 하고 있습니다.

아무쪼록 본서가 자기갱신을 통한 교회갱신의 비전을 가진 동역자들에게 동기부여가 되고, 그 결과 교회갱신의 아름다운 열매들이 한국교회에 나타날 수 있게 되기를 바랍니다.

2001년 10월

옥한흠 목사
사랑의교회 담임목사
교회갱신을 위한 목회자협의회 대표회장

Endorsement

As more and more Korean churches grow in age and in mission, there will be a great need for leadership in renovating traditional churches into a vibrant body of believers to carry out the Great Commission. Dr. Hyun Sik, Park has done an excellent job in showing how the Deagil Presbyterian Church has been revitalized and continues to grow and touch its community. Other churches in Korea can read this interesting story and follow this wonderful example to revitalize their church. May God use this book to bring revival to Korea, and may the church of Jesus Christ continue to influence the nation and the world.

Sincerely yours in Christ,
Elmer L. Towns, Dean

School of Religion Liberty University
Lynchburg, Virginia, USA

추천사

한국 교회가 시대와 그 사명을 수행하며 계속 성장할수록 그리스도의 지상 명령을 제대로 수행하기 위해서는 전통적인 교회를 활기가 넘치는 신앙 공동체로 전환시키는 지도력이 요망됩니다. 박현식 목사는 전통적인 장로교회인 대길교회에 새로운 생기를 불어넣고, 성장을 지속시키며, 어떻게 지역사회를 섬기는 성숙한 교회로 나아갈 수 있는가를 보여주는 탁월한 사역을 완수하였습니다. 한국내의 다른 교회들에게는 흥미 있는 이야기가 될 것이며, 교회를 갱신하기 위한 좋은 길라잡이가 될 것입니다. 소망하기는 하나님께서 한국 교회를 부흥케 하는데 이 책을 사용하시기를 바라며, 예수 그리스도의 몸 된 교회가 한국과 세계를 향한 영향력을 증대할 수 있기를 기원합니다.

그리스도 안에서 형제된 엘마 타운즈
미국 버지니아, 린츠버그 리버티 대학교 신학대학장

머리말

　벼랑 끝에 선 한국 교회, 자기성찰(自己省察)과 교회 갱신(更新) 외에는 선택의 여지가 없음에도 불구하고, 정작 주저하며 변명하고 그래도 남아 있는 치즈 조각에 우리들은 안주하려고 한다. 개혁의 화두는 교회사에 부단하게 회자(膾炙) 되었었다. 그러나 말로서가 아닌 정작 글로서 장기적으로 계획하고 추진하며 결과를 보고한 예는 드물었다. 이 글은 1994년부터 2001년에 걸쳐 준비하고 추진되었던 사역의 결과를 기록하였다. 전통적인 장로교회에서 스타급이 아닌 한 평범한 목사에 의해 쓰여졌다는 점에서 독자들에게 부담이 없을 것이다.

　이 책은 단순한 전도와 성장의 보고서도 아니며 인기 있는 특정 프로그램과 교회와 목사를 중심으로한 소개서도 아니며, 미래의 장미 빛을 비추는 비전서(書)도 아니다. 어쩌면 성급한 독자들에게는 영합하지 못하고, 베스트 셀러와는 거리가 멀 수도 있다. 그러나 진솔한 지난날의 발자취이며, 현상에 대한 고민과 몸부림이 있는 고백서이면서 서서히 한계를 벗어나는 안도의 징검다리가 있어 미래의 안개 짙은 여울을 건너 갈 수 있는 참고와 대안의 글이 될 수도 있다.

경술국치이래 최대의 수치이며, 한국전쟁 이후 가장 혹독하였던 시련인 IMF를 겪었던 한국 사회와 교회로서 결코 잊을 수 없는, 잊어서는 아니 되는 교훈이 있었다. 온 지구촌이 대망 하였던 뉴 밀레니엄 2000년의 도래를 맞이하면서 결코 간과할 수 없는 의미가 있었다. 인심은 변하고, 시대는 달라졌다. 딴 세상으로 가고 있다. 그럼에도 한국 교회는 자신을 읽지 못하였고, 시대의 변화와 요청에 둔감하다. 아직도 복고풍을 고집하고 있다. 열린 목회를 이단시하고 있다. 박목사의 대길 교회로 상징되는 전통적인 장로교회 그 위기 속에 기회가 있으며 그 해법은 리노베이션이었다.

박 목사의 대길 교회 이야기는 결코 위대하지 않다. 너무 평범하여 누구에게나 가능한 우리들의 이야기이다. 이 이야기의 주인공은 박 목사가 아니다. 대길 교회의 주인을 뜻하는 것이 아니다. 그는 대길 푸른 초장의 목동에 불과하다. 다만 보통 명사화된 박 목사가 보고 깨닫고, 실천한 이야기일 따름이다. 이 책은 영어 논문을 한글로 번역하였다 그래서 누구나 읽기에 쉽도록 풀어 쓴 것이다. 논문이 쓰여지던 당시와 비교할 때에 많은 시간과 변화가 있었기에 한글 독자에게 좀더 친절하게 봉사하느라 시제가 바뀌고 최근의 자료(update)를 다수 첨부하였음을 말씀드린다.

교직에 있을 때에 가까운 친구가 늘 박사라고 불러 주었다. 목박(牧博)은 가박(假博)이라고 하는 말도 들었다. 디민(D·Min.)은 돈만 디밀면 준다는 비소(非笑)도 있었다. 그러나 내게는 너무나 소중한 학위이다. 모교 총신에서 도둑맞은 목회학 석사 학위(M·Div.)를 미국이 인정하는 목회학 박사 학위로 2000년 6월 2일 받게 되었다(학위수여식 당시 빌리그래함 목사의 축사가 있었다).

하나님의 은혜가 아닐 수 없다. 그러나 대길 교회가 있었기에 가능하여 공식비공식적으로 성원해 주신 당회원들을 비롯한 여러분들에게 깊은 감사를 드린다. 아울러 아내의 기도와 격려해 준 세 딸들에게도 진한 고마움을 보낸다. 특히 리버티 신학교(Liberty Baptist Seminary)의 엉클 샘같은 엘마 타운즈(Dr. Elmer Towns) 박사와 자상하게 앞길을 안내해 주신 김창엽 박사님(Dr. Daniel Kim), 거의 포기하다시피한 논문을 초등학생처럼 붙잡아 가르치다 건강까지 해친 슈미트 교수님(Dr. Frank Schmitt)을 잊을 수가 없다.

하나님의 은총이 일평생 이들과 함께 하시길 기도할 것이며, 한미(韓美) 양국에 있는 모교와 후학들에게 그리고 지금도 선한 양심으로 목회 현장에서 외로운 싸움에 진력하는 동역자 여러분들에게 하나님의 영광이 함께 하시길 축복하는 바이다.

2001년 10월 5일

대길 동산에서
저자 박 현식

목차

추천사 22   머리말 28

제 1 장 여는 글 – 고목 나무 꽃 피우기 33
'무엇이 문제인가?' 41 | 주어진 한계 속에서 43 |
주요한 도구들 46 | 방법론 소개 53 |

제 2 장 대길 교회의 지나온 발자취들 61
여명기 63 | 부흥의 시기 69 | 시련기 72 | 새 시대 79 |

제 3 장 너 자신을 알라 · 교회의 현주소 89
현재 상황 조사를 위한 준비 91 | 조사 결과를 분석하다 99 |
설문결과를 통한 종합평가 121 | 중요 집약점 130 |

제 4 장 결코 잊을 수 없는 IMF와 그 여파 133
사회적으로 달라진 모습들 136 | 한국교회의 변화 139 |
위기 안에 있는 또 다른 기회 141 |

제 5 장 리노베이션의 키 **145**
리노베이션 **149** | 패러다임 쉬프트 **155** |

제 6 장 대길교회 5대 리노베이션 **161**
새로운 정체성 회복 **164** | 새로운 영적 운동 **168** | 새로운 팀 사역 **174** |
새로운 교육개발 **178** | 새로운 시설개발 **184** |

맺는말 **191**   에필로그 **194**

부록1 – 찬양하라 내 영혼아! (설교모음) **197**
누가 나의 이웃입니까? **199** | 세 가지 보물 **207** | 한 새사람과 모퉁이 돌 **213** |

부록2 – 설문조사 **221**
조사대상 – 대길교회 성도 **222** | 조사대상 – 남서울 노회원 **230** |
조사대상 – 대길교회 주변 지역주민 **239** |

제1장 / 고목나무 꽃피우기

제1장 여는 글

고목 나무 꽃 피우기.

　1517년 마틴 루터의 종교개혁 이후 '교회는 개혁되어야 한다' 는 것이 개신교의 신학적인 화두가 되었다. 종교의 개혁은 교회사에서 결코 잊어서는 아니 될 사건이며 명제이다.[1] 한국 교회는 한때 한국 사회의 계몽과 변화와 선진 민주화를 위한 발전을 위해 중요한 역할을 감당한 것이 사실이지만 지금은 그 영향력이 크게 감소되었다. 심지어는 땅에 떨어졌다고 보아야 할 지경이다.[2] 바야흐로 새로운 21세기가 시작되었지만 한국은 여전히 IMF관리체제를 완전히 벗어나지 못하고 있다. 한국 사회는 1950년 한국 전쟁 이후 끊임없이 시련을 겪어왔다.[3] 한국 교회들 역시 당연히 이 변화에 대처해야할 입장에 처해있다.[4]

　한국교회는 많은 회중과 큰 잠재력을 가지고 있다. 북한을 비롯한 해외에서 교회 지도자들을 초청하는 것은 이 때문이다. 따라서 한국사회 각계각층의 사람들이 모두 한국교회에 큰 기대를 걸고 있다고 해도 과언이 아니다. 그러나 정작 교회의 지도자들은 스스로 교회 개혁의 장애물이 무엇인지 둔감한 상태이다.[5] 이것은 정말 유감스러운 역사적

아이러니가 아닐 수 없다. 이러한 상황이 너무 심각해서 이제는 교회 밖의 세인들조차도 한국교회의 미래를 염려하는 지경에까지 오게 되었다. 때로는 그들이 한국교회에 곧 위기가 닥칠 것이라는 말로 교회 지도자들을 충고하는 데까지 이르게 되었다. 그럼에도 아직까지 한국교회의 지도자들이 자신의 참 모습을 인식하지 못하고 있는 것은 참으로 비극적인 일이다.6) 교회 성장은 틀림없이 목회의 가시적인 열매이다. 그렇지만 교회 성장 그 자체가 기독교의 목적이나 이유는 결코 될 수 없다.

수십 년 동안 한국교회들은 다른 이들로부터 칭찬을 받고 존경받을 만큼 교회성장을 이루어 왔다. 한국 교회는 많은 장애물에도 불구하고 초창기부터 최선을 다했다.7) 그렇지만 그것만으로 충분하다고 말할 수는 없는 것이었다. 왜냐하면 교회 지도자들이 교회 성장 특히 수적인 면에 지나치게 매어 달림으로써 그것이 결국 위태한 역작용을 낳게 되었기 때문이다. 이런 악영향의 결과로 교회사역은 기독교의 정체성을 잃어버리고, 숫자 놀음과 상업적인 경영이 목양의 고유 자리를 차지하게 되어 세속 사회와 다를 바가 없게 되었다.8)

만일 목회자들이 이러한 숨겨진 위기를 극복하지 못한다면 머지않아 복음의 능력이 완전히 붕괴되는 사태에 직면하게 될 것이 틀림없다. 복음의 능력은 거룩한 땅에서부터 시작되어 서구세계, 즉 그리스, 로마, 유럽 대륙, 영국, 미국으로 이동하였고 마지막으로 아시아에 이르게 되었다. 태양이 뜨고 지는 것과 같이 하나님의 복음사역도 한국 교회사에서 뜨고 지고 말 것인가?

한국 교회들은 이제 영광으로 가느냐, 허망하게 추락하느냐의 전환점에 서게 되었다.

이제 새로운 교회갱신의 현장으로 소개할 대길교회는 45년 전에 설립되어 전통적이고 보수적인 교회로 꾸준히 성장해 왔다. 필자(※글의 흐름상 이후부터는 '박목사' 라고도 쓰는 것을 양해해 주시기 바랍니다.)는 1989년 대길교회의 담임목사로 청빙을 받았다. 대길교회를 사역하면서 지금까지 박 목사는 크게 두 가지 일에 역점을 두고 헌신해 왔다. 하나는 세대와 세대사이, 상한 마음을 가진 계층 간의 화해를 이루는 것이었으며, 다른 하나는 성도들이 교회의 성장과 선교에 대한 비전을 갖도록 격려하는 것이었다. 이것을 위해 인도와 중국으로의 비전 투어(Vision Tour), 연례적으로 하는 총동원 전도 주일, 여름 수련회와 연관된 각종 행사와 같은 이벤트성 특별 행사를 개최했다.

청빙 받은 후 2년 동안은 모든 것이 다 잘 되어 가는 것 같아 보였고 실제로 교회의 성장도 괄목할 정도로 뒤따랐다. 그러나 다 좋았던 것만은 아니었다. 목회의 한계에 대한 고민이 있었다. 1997년 안식년동안 필자는 과거를 뒤돌아보면서 새롭게 펼쳐질 21세기를 위한 창조적인 목회 계획을 세우게 되었다. 안식년 이후 박 목사는 새로운 목회적 접근을 시도하게 되었으며 이와 같은 노력의 결과로 1997년 "대길교회

의 장기 계획서".9)

첫째, 새로운 정체성의 회복 : CI 작업으로 시작한다. 낡은 구습을 버리고 그리스도의 몸을 세운다.

둘째, 새로운 영적 운동 : 전도와 양육의 축으로서 태신자 전도 운동, 한국의 도시와 농어촌, 나아가 북한, 그리고 땅 끝까지 복음을 전하기 위해 헌신한다

셋째, 새로운 팀 사역 : 팀사역이 동력원이 되게 한다. 독자사역을 종식하고 모든 성도들이 더욱 많이 동역 할 수 있도록 길을 열어 준다.

넷째, 새로운 교육 프로그램 : 대안 학교로서의 주교를 개선하며, 모든 세대들과 새 신자들을 위한 더욱 특성화되고 향상된 교육철학과 방법론을 개발하고 연구한다.

다섯째, 새로운 시설 개발 : 리노베이션의 가시적 집대성. 모든 교회 건물과 공간, 특별히 본당의 내부, 장애인을 위한 엘리베이터, 교육관, 신선한 휴식장소, 그리고 주차장을 보수한다.

이상의 다섯 가지를 비전으로 세우고 그동안 노력해 온 것이 이 책의 주요 내용이다. 바라기는 이 비전과 이루어 가는 과정의 소개를 통해 먼저 필자가 계속 기도하며 섬기고 있는 대길교회가 더욱 갱신되는 방안이 풍성하게 개발 실천되기를 바라는 마음 간절하고, 또한 오랜 역

사와 연륜을 가진 기존교회의 지도자들에게 섬기는 교회를 향해 가지는 갱신에 대한 그들의 비전이 세워지며, 가시화 될 수 있기를 기대한다.

주

1) John Hesselink, On Being Reformed, Distinctive Characteristics and Common Misunderstandings. 7쪽 참조)
2) 한국 기독교 장로교 신학 연구소, 한국 교회의 미래. 서울; 온누리, 1994. 117쪽 참조)
3) 삼성 경제 연구소, IMF 충격, 그 이후. 서울; 1999. 9쪽 참조)
4) 삼성 경제 연구소, IMF 충격, 그 이후. 서울; 1999. 44쪽 참조).
5) 정성구. 21세기 개혁 교회 살아남을 것인가? 서울; 대한 예수교 총회 출판부. 1999. 47-49쪽 참조)
6) 한국 기독교 문화 연구소, 한국 교회 성장 둔화 분석과 대책. 서울; 숭실 대학교 출판부. 1998. 171-175쪽 참조).
7) McGovern, Donald A. Understanding Church Growth 참조)
8) 김동환.「교회거품빼기」서울; 나침반 출판사. 1998. 참조)
9) 이것은 슈미트 J 프랭크 박사의 과목인 '목회자 리더십'의 박사학위를 위한 프로젝트 제목임)를 수립하게 되었다. 필자는 이 계획서에서 5가지 영역의 개선을 제안하고 꾸준히 발전시켜 오늘에 이르게 되었다 (* 그것은 1995년 리버티 대학교의 D. Min과성으로 개설된 슈미트 박사의 목회자 리더십 과목의 논문이며 2000년 서울에서 완성됨)

무엇이 문제인가?

한국에서 복음이 이처럼 급속히 전파된 것은 서구교회로서는 놀라운 일이었음에 틀림없다. 이 글을 쓰는 시점으로 볼 때 개신교 역사는 미국의 장로교 선교사 언더우드가 1885년 4월 5일 부활절 아침 인천 제물포 항에 내리면서 한국 땅을 밟은 지 116년에 불과하다. 그런데 한국 인구의 4분의 1 그러니까 1,200만 그리스도인, 그리고 서울시민의 40%가 기독교인이다. 세계에서 가장 큰 교회, 최대의 장로교회, 감리교회, 침례교회 등 위세를 자랑하고 있다. 이제는 그 누구도 한국 교회의 힘을 무시할 수 없는 상황이 단 기간에 나타난 것이다. 심지어 한국의 대통령들 가운데는 기독교와 직 간접적으로 관련이 있음을 밝히는 것이 오히려 득표율과 당선에 긍정적으로 작용하는 것이 현실이다.

그런데 한심한 현실이 있다. "전문 직업인들의 도덕적 행동"이라는 1997년의 한 조사보고서를 보면 1,500명의 한국인 성인들에게 그들이 사회에서 가장 존경하는 인물이 누구인가를 조사한 결과가 나타났다. 그 조사에서 1위를 차지한 것은 카톨릭 사제였고 2위는 교수들이었으며 3위는 불교의 승려들이었다. 개신교의 목사들은 극작가에 이어 5위를 차지했다. 서울의 모 교회에서 아무런 종교도 갖고 있지 않은 200명의 사람들을 상대로 그들이 가장 호감을 갖고 있는 종교가 무엇인지를 조사했다. 이 질문에 대한 응답자의 52%는 카톨릭을 선호했으며,

24%는 불교였고, 마지막 12%만이 기독교를 선호했다(

이러한 현상은 이미 IMF 이전부터 인식되고 있었다. IMF위기와 한국교회의 침체는 별개의 현상이 아니었다. 한국과 한국 교회는 대내외적으로 모두 신인도를 잃어버리는 상황을 맞이한 것이다. 그러나 다른 한편으로 예리하게 통찰한다면 우선은 뼈아픈 실책이지만 이러한 위기가 한국교회에게는 교회의 정체성을 회복하고 개혁을 이루는 데에 더 없이 좋은 기회가 될 수도 있을 것이다. IMF 경제 위기동안 그리스도인들은 정부와 기업의 구조적인 개혁에 관한 많은 이야기들을 들을 수 있었고 그 과정 속에서 한국교회도 구조와 사역에 있어서 개혁을 서두르지 않을 수 없게된 것이다.

이런 상황 속에서 필자가 고민할 수밖에 없었던 것은 한국 교회 특히 대길교회가 현재의 침체상태로부터 어떻게 다시 회복하고 성장할 수 있겠는가 하는 점이었다.

1)김동환, 28쪽 참조).

주어진 한계 속에서

이 글의 목적은 교회개혁은 어떤 것이어야 하는가 그리고 그것을 어떻게 실행할 것인가, 교회에서는 그것이 어떻게 적용될 수 있는가 하는 것들을 규명하는데 있다. 이러한 목적을 달성하기 위해 첫째로 대길교회의 역사를 간략히 개괄할 것이다. 둘째로 대길교회 공동체의 현재 상황을 조사하고, 다른 교회 지도자들의 생각과 지역 사회 주민들의 여론을 고찰해 볼 것이다. 세 번째로 IMF라는 독특한 경제위기를 겪는 한국의 상황을 조명하는 한편, 위기를 통과하면서 한국인들과 기독교인들의 생활과 사고가 어떻게 변화되었는지 알아볼 것이다. 큰 위기는 역으로 큰 기회가 될 수도 있다. 한자어에서는 위기(危機)라는 단어와 기회(機會)라는 단어가 같은 어원을 갖고 있다. 김대중 대통령이 IMF 위기 가운데서 치러진 1998년 대통령 취임식 연설에서 "IMF는 우리 한국인에게 숨겨진 축복이 될 수 있다"고 말했던 것을 눈 여겨 볼 필요가 있다.

따라서 여기서는 먼저 한국교회가 당면한 현재의 위기상황을 분석하고, 새로운 사역의 모델을 세우는 두 단계로 전개될 것이다. 그래서 한국교회를 후퇴시키는 문화적인 폐해를 제거하고 새로운 목회 패러다임을 제시해 보고자 하는 것이다.[1] 사실 한국교회를 통찰한다면 여전히 전통적인 미신, 군사문화, 자본주의에서 기인된 배금주의를 포함한 여러 가지의 내부적인 악습이 존재하고 있음을 볼 수 있다. 본서는 정확하게 문제점을 먼저 인식하고, 개혁을 위한 성경적이고 개혁적인 비전을 제시하는 방식으로 전개해 나가는 순서를 밟을 것이다.

이 책 속에서는 먼저 대길교회의 역사를 기술하고, 세 가지 조사에 대한 반응을 분석하며, 리노베이션과 디지털 패러다임이라는 두 가지 개념을 제시한 후, 마지막으로 대길교회의 세부활동을 소개하는 것으로 그 내용을 제한하고자 한다. 그리고 분석하는 과정에서 수백 가지 조사와 선별된 문헌, 다각적인 교회사 자료, 그리고 초기 교회 구성원과 노회 지도자들의 증언 등에 기초할 것이다.

그런데 독자가 보기에 본서는 몇 가지 한계들을 지니고 있다. 첫째로 한국의 모든 교회나 다른 교단 혹은 농어촌의 교회는 조사하지 않았다는 점이다. 오직 박목사가 섬기고 있는 대길교회 즉, 45년의 역사를 지닌 한 교회만을 대상으로 삼았다는 점이다. 대길교회는 서울에 위치하고 있으며 한국의 많은 장로교회 중의 하나이다. 지역적으로 그렇게 광범위하지는 않지만 교회의 과거, 현재, 미래를 통찰해 보고자 한다.

그리고 본서에서 다루는 내용들 가운데 어느 정도 한계점을 솔직하게 인정해야 할 것은 교회 성장을 위한 사역에는 많은 영역들이 있다는 점이다. 주일학교, 전도, 친교, 사회봉사, 예배 등등 이러한 것들은 교회 성장을 위해 중요하고 근본적이며 강력한 수단이자 매력적인 프로그램이다. 그러나 본 글에서는 단지 두 가지의 주요한 개념만을 다루고자 한다. 즉, 교회 개혁과 새로운 목회 패러다임의 제시가 본서의 목적인 것이다. 따라서 현재 한국 교회가 겪고있는 어려움들과 관련하여 교회개혁과 목회패러다임의 전환에 관하여 보다 유효하고 창의적으로 접근하고 그 도구를 제시하고자 하는 것이다.

주

1) 김영한, 〈한국 교회 성장둔화 분석과 대책〉, 한국 기독교문화연구소, 8-30쪽 참조)

주요한 도구들

필자는 타운즈 박사의 강의를 듣고 본서를 써야할 용기를 얻었다. 즉 강의 중에 계속 강조되는 건강한 교회성장이라는 주제만이 교회를 침체로부터 건져내는 유일한 길인 것을 알게 되었다. "오늘날 가장 혁신적인 10개의 교회(10 of Today's Most Innovative Chuech)"라는 책은 편견을 극복하고 목회를 꿈꾸게 하는 데 충분했다. 그것은 단기간의 전략에 대한 책 일 뿐만 아니라 다양하고 자연스러운 교회성장을 다각적으로 보여 주는 책이었다. 필자는 그 책에서 위대한 사상과 포부를 가진 사람들을 만나게 되었다. 그리고 교회성장을 연구하면서 필자는 리더십의 중요성을 함께 깨달을 수 있었다.[1]

박목사는 1994년 7월 이후 몇 차례에 걸쳐 교회 성장전략을 적용하면서 실패를 경험했다. 그 이유를 되짚어 보면 필자가 실제적인 방법을 몰랐기 때문이라는 점이다. 슈미트 박사의 수업시간에 필자는 "교회와 목회 전략 계획의 개념부터 성공까지(Church and Ministry Strategic Planning from Concept)"에서 실제적 방법들을 배울 수 있었다. 그것은 필자가 일회적인 결정과 단기 행사보다는 이 책의 부록에 수록된 것과 같은 장기전략 계획을 준비하는데 도움이 되었다.[2] 필자가 실제적인 방법을 얻게 된데는 여러 책들이 있다.[3] 그중 한가지가 목저이 이끌어 가는 교회(The Purpose Driven Church)이다. 필자는 '설교와 사명을 타협하지 않는 성장'이라는 그 책의 부제에 마음이 끌렸다. 필자는 이 책을 통해 교회를 재발견하고 리더십을 새롭게 하는 것에 대한 영감을 얻게 되었다. 저자 릭 워렌(Rick Warren)이 특별히 필자에게 도전해 준 것은 "21세기에는 교회의 핵심적인 관심사상이 교회의 성장이 아니라 교회의 건강함이 될 것이라는 것"[4]이었다. 워렌은 교회지도자들의 고정관념을 깨뜨려 주었고, 필자에게는 자연적 교회성장이라는 개념을 이해할 수 있도록 도와주었다. 한편 필자는 교회성장과 병행해야 할 다른 많은 아이디어를 얻게 되었다. 이것에 대해서는 뒤에서 다루게 될 것이다.[5] 한국과 한국교회의 상황을 인식하게 해 준 한국의 책들이 있다. IMF충격, 그 이후, IMF 한국이 바뀐다 : IMF가 무엇인지 그리고 한국사회에서 IMF의 충격은 어떻게 나타나고 있는지를 말해 주고 있는 책들이다. IMF에 관련된 에피소드나 자료들도 많이 있다. 이 책은 한국에서 가장 유력한 사설두뇌집단인 삼성경제연구소가 집필한 것이다. 이 기관은 한국의 현실을 조사하는 일과 미래를 예측하는 일에 뛰어난 기관이다. 두 번째 책은 한 권위 있는 경제신문사에 의해서 쓰여진 책이다.

한국교회 성장둔화 분석과 대책은 숭실대학교 한국 기독교 문화 연구소에서 펴낸 여러 개의 논문을 모아 놓은 충격적인 책이다. 필자는 한국교회의 침체의 원인과 유익한 많은 자료들을 얻을 수 있었다. 교회 거품빼기는 야심적인 개혁의식을 가지고 있는 한 목사에 의해서 쓰여졌다. 그는 이 책에서 한국교회에 있는 충격적인 이야기들을 고발하고 있고 그러한 것들을 제거하기 위한 20가지 방법을 제안해 놓았다. 김종렬 박사의 새 천년 한국교회의 목회 패러다임은 한국교회사역의 새로운 지평을 열어 주기 위한 의도로 집필되었다. 이 책은 바른 사역이 무엇인가를 정의하려고 노력하였고 특별히 한국교회의 취약한 부분을 지적해 주었다.

이상과 같은 자료들 외에 아래에 기록한 정보와 자료들은 장기적인 계획수립을 위해 효율적으로 활용한 자료들이다(이 자료들을 부록에 수록되어 있음). 교회의 기록에는 그 교회가 가지는 근본적인 경향과 운동과 침체와 성장을 나타내는 기록들이 수록되어 있다. 이러한 기록들이 적절히 유지되고 잘 보관된다면 우리는 그것들을 통해 교회의 구성원들과 교회의 활동에 관한 기초적인 정보를 얻을 수 있게 될 것이다.

1. 대길교회 30년사: 이 책은 1986년 가을 교회설립 30주년을 기념하여 출판되었다. 여기에는 대길교회의 개척과 교회의 구성원들에 관한 자세한 기록들이 수록되어 있다. 이 책은 대길교회의 초창기 때 축적된 자료들과 데이터를 보존하고 있어서 대길교회를 이해할 수 있는 소중한 자료이다.

2.대길교회 당회록 : 이것은 매우 중요한 기록이다. 왜냐하면 이것은 그 당시의 합법적인 기준과 권위와 세부과정을 제공하고 있기 때문이다. 그러나, 이 자료는 두 가지 한계를 안고 있다. 한 가지는 대중에게 공개되지 않는다는 것이며, 다른 한 가지는 사람들이 그것들을 통해서는 갈등의 참 원인을 찾을 수 없고 단지 기록된 결정사항과 결과들만 발견할 수 있다는 것이다.

3.대길교회 출석 데이터 : 주일 아침예배, 오후 찬양예배, 수요예배, 매주 주일학교, 소그룹 성경공부에 참석한 사람들의 출석기록이 수록되어 있다. 이것들은 대길교회의 성장을 이해하기 위한 중요한 자료이다. 물론 시대의 흐름에 따라 다른 경향이 있다. 예를 들면 어떤 때는 예배가 강조되었고, 어떤 때는 주일학교가 강조되었으며, 때로는 다른 행사들이 강조되기도 했다.

4.세례기록 : 이것은 대길교회 성장의 질적 특성을 보여준다. 새 신자들의 수가 교회의 양적 성장을 말해 준다면 세례교인의 수는 그것이 성인이든지 유아이든지 교회의 객관적이고 근본적인 성장을 말해 주는 것이다. 세례 받은 회심자의 수가 유아세례자의 수를 앞선다면 그 교회는 질적 양적으로 모두 성장하는 교회일 것이다.

5.새 신자의 수와 기존신자들의 수를 비교한 통계 : 이것은 매주 본 교회가 얼마나 성장하였는가를 알아보는 것과 직접 관련되어 있다. 독자는 이러한 통계에 따라 전도계획을 수립하고 준비해야 한다.

6.헌금통계 : 이것은 교회의 내적 성적을 측정하는 또 하나의 도구이다. 왜냐하면 성장하는 교회는 그들의 팽창하는 예산을 준비하고 큰 행사를 계획하기 위해 이 통계가 필요하기 때문이다. 많은 예산을 갖는 것과 그것을 효과적이고 효율적으로 사용하는 것은 중요한 일이다.

7.대길교회요람 : 우리는 교회의 교역자들과 교인들, 그들의 섬기는 부서, 그들의 증감에 대한 상황을 한눈에 볼 수 있다. 또한 우리는 그들의 사진과 가족사항도 볼 수 있으며 최근에 들어온 교역자들도 찾아볼 수 있다.

8.대길교회 주보철 : 우리는 매년 보관한 주보를 책으로 인쇄한다. 우리는 예배순서, 교회소식, 매주의 행사를 찾아볼 수 있다. 재정, 출석, 헌금현황을 정확히 점검해 볼 수 있다.

9.남서울 노회기록 : 이 기록은 여러 차례의 노회에서 대길교회의 문제가 어떻게 논의되고 결정되었는지를 보여준다.

10.기독신문 : 대한예수교장로회 총회 산하 교단 기관지인 기독신문이 대길교회에 대해서 보도한 내용들도 중요한 자료이다.

11.건축위원회의 기록 : 여기에는 교회 건축에 관한 유용한 자료들이 기록되어 있다. 대길 교회는 위원회 중심으로 제직회를 운영하며, 예산과 행사를 치른다.

주

1) Towns, Elmer L. 10 of Today are Most Innovative Churches. Ventura, California: Regal Books, 참조).
2) Migliore, R. Henry, Stevens, Robert E., & Loudon, David L. Church and Ministry Strategic Planning From Concepts to Success. 6쪽 참조
3) Brown, Jr. J. Truman, Jere Allen. Church and Community Diagonosis Workboo)
4) Warren, Rick. The Purpose Driven Church Growth without Compromising Your Message & Mission)
5) Maxwell, John C. Developing The Leaders Around You.31-32쪽 참조)

방법론 소개

목회자가 자신의 교회의 문제를 조사하고 그 문제들을 해결하기 위한 대응전략을 준비하는 것은 필수적인 일이다. 박목사는 먼저 교회의 오래된 성도들과 면담을 하거나 교회의 기록을 통해 과거의 역사를 살펴보았다. 교회의 상황을 이해하기 위해서는 연구조사를 하거나 교회의 성도들과 지역주민들과 이웃교회의 지도자들과 면담을 하는 것이 가장 좋은 방법이라고 여겨진다.

대길교회 성도들에 대한 조사는 1996년 9월 21일 주일 아침 예배 후에 실시되었다. 734명의 성도들이 이 조사에 참여했다. 교역자가 질문을 읽어 주면 성도들은 그 질문에 대한 대답을 써 내려갔다. 지역주민들을 상대로 조사하는 일은 더욱 힘든 일이었다. 대길교회의 직원들이 집집마다 방문하여 묻고 그들의 대답을 들었지만 이 조사에 참여해 준 주민들의 수는 많지 않았다. 노회의 회원들을 상대로 조사하는 것은 훨씬 더 어려운 일이었다. 왜냐하면 장로들이나 목회자들은 그들의 의견을 공개적으로 문서화하는 것을 좋아하지 않았기 때문이다.

IMF 위기에 대해서는 잘 알려져 있지만, 그 기간 동안 한국인의 생활양식과 사고체계의 변화에 관한 책들은 그리 많지 않았다. 그래서 필자는 그것에 관한 정보를 얻기 위해 서점과 인터넷을 찾아야만 했다. 많은 사람들이 정보를 수집하는데 도움을 주었다. 그들은 편지나 이-메

일로 정보를 보내 주었다.

　이 글은 현재 대길교회에서 갱신이라고 번역되는 리노베이션을 성취하기 위하여 문자로 쓰여진 책일 뿐만 아니라, 이미 시작한 작업 보고서이기도 하다. 어떤 일은 많은 재정과 활기 있는 팀웍과 지속적인 추진력이 요구된다. 정확하게 말하면 리노베이션이라는 주제는 단순하지 않으며 끝도 없다. 대길교회는 리노베이션의 출발점에 서 있다고 해야 옳을 것이다. 이것은 적어도 향후 10년 동안 그 이상으로 지속적으로 시행될 것이다.

　아마도 이 책을 읽는 독자들은 대길교회의 과거사를 이해하고 현재 상황을 알게 될 것이다. 그리고 이 책을 통해 대길교회의 청사진을 볼 수 있게 될 것이다. 첫 번째 장은 본교회의 역사적 개괄을 통해 교회의 태동에 관한 정보를 볼 수 있을 것이다. 독자들은 대길교회가 어떻게 성장했는지를 알게 될 것이며, 부흥과 시련의 시기가 있었다는 것도 알게 될 것이다. 대길교회의 역사에는 밝은 면도 있고 어두운 면도 있다. 이 두 측면이 때로는 높고 거친 파도처럼 보이기도 하였지만 때로는 낮고 무력한 흐름으로 보이기도 했다.

　둘째 장에서는 최근에 조사를 통해 시도하고 있는 몇 가지 프로그램에 대한 진술 내용이다. 즉, 심방, 상담, 목회자와 소그룹에 의한 성경공부 등이다. 교회는 전과 같이 여러 가지 기도회를 실시했다. 매일 새벽기도, 매주 금요기도회, 그리고 교회나 기도원에서의 특별기도회

와 같은 것들이다.

　교회는 비전을 키우기 위해 적극적인 대외행사들을 실시해 왔다. 그것들은 매년 실시되는 지역 복음화를 위한 총동원주일, 격년으로 가지는 맑고 시원한 바닷가에서 장년들과 주일학교 학생들을 위해 열리는 전교인 여름 수련회, 그리고 주로 인도와 중국의 선교 캠프로 떠나는 비전투어(Vision Tour)이다. 선교위원회를 중심으로 당회원들과 성가대, 고등부 학생들에게 이르기까지 세계를 가슴에 품도록 도전을 주었었다. 목회의 조화와 지속성, 그리고 균형 잡힌 리더십으로 이끌어 간다면 교회가 성장하는 것은 자연스럽고 필연적인 일이라고 보았기 때문이었다.

　세 번째 장에서는 대길교회의 현재 모습이 자세하게 소개된다. 세 가지 조사결과를 통해 독자들은 성도들의 상황과 이웃들의 태도, 그리고 지도자들의 생각을 이해할 수 있을 것이다. 그것들을 조사하기 위해 설문지, 자료분석, 그리고 자료의 종합이라는 세 단계를 밟았다. 박목사는 그들의 일반적인 특성들과 대길교회를 향한 그들의 태도를 알게 되었다. 뿐만 아니라 그 가능성도 인식하게 되었다.

　일반적으로 본 교회 성도들의 교회 생활은 전통적이고 보수적이다. 그렇지만 그들은 서울의 보통 서민들이다. 그들의 90%가 미래 성장에 긍정적으로 생각하고 있고, 특히 여성들은 예배출석과 각종 활동에서 대단히 열성적이다. 그렇지만 독자들은 그들이 과거 교회의 갈등과 아품에 대하여는 대단히 예민하게 반응하고 있는 것을 발견하게 될 것이다.

지역사회 설문지 조사를 통해 독자들은 지역주민들의 대부분이 보통 사람들이라는 것을 알게 될 것이다. 그들 중 70%는 대길교회 성도들에게 긍정적인 사람들이다. 교회에게 그들이 제안하는 것은 대부분 사회복지 시설과 주차장에 관련된 것들이다. 그들은 교회의 전도와 어떤 특별한 활동들에 대해서는 부정적인 태도를 보여 주었다.

노회 조사서를 통해 독자들은 노회에 참석하는 사람들이 40세에서 50세까지의 연령에 해당하는 목사와 장로들이라는 것을 알게 될 것이다. 그들의 대길 교회에 대한 의견은 과거에는 부정적이었지만 지금은 확실히 긍정적으로 변화되었다. 과거의 대길교회는 분쟁으로 유명했지만 이제 노회 지도자들이 보는 본 교회는 평화스럽고 활발한 교회가 되었다. 그들은 앞으로 교회가 해야 할 일로 지역사회를 향한 주차장제공과 교회시설 개방을 제안했다.

네 번째 장에서는 20세기말에 찾아온 IMF 경제관리체제라고 불리는 한국의 위기를 살펴보게 될 것이다. 그것은 분명한 위기였고 한국인들은 돈으로 살 수 없는 귀한 것을 배우게 되었다. 또한 한국인들에게 도전적으로 다가오는 것은 새 천년이다. 그것은 한국이 변화하기를 주저한다면 한국은 무너지리라고 말하는 듯하다. 한국인들은 IMF가 한국 사회와 교회에 준 충격이 무엇인지 알고 있다. 한국은 여러 가지 면

에서 변화되었지만 그것들이 목회적인 관점에서 연구 적용되지는 않았다. 만약 이러한 영역에 대한 논문을 쓰게 된다면 그 사람은 이 분야에서 선구자가 될 것이다.

많은 사람들은 한국의 경제적 실패에 대하여 부정적인 평가를 내린다. 그러나 위기는 기회 또는 밟고 일어설 디딤돌이 될 수도 있다. 경제 영역에서는 저축과 절제와 구조적 변화가 매우 중요하다. 박목사는 교회의 개혁을 건축구조물에서 빌어온 리노베이션 개념에 적용시키고 있다. 박목사는 또한 그의 목회 방법을 아날로그와 디지털 개념이라고 불리는 전기공학적 개념에서 차별성을 두고 실행하고 있다. 새 천년 목회는 달라져야 하며 디지털 마인드로 접근해야만 할 것이다.

마지막 장에서 필자는 여러 가지 조사로부터 도출된 결과로 세워진 장기 계획과 거기로부터 나오는 실천적 활동에 대하여 언급하고자 한다. 독자들은 대길교회의 궁극적인 관심이 복음전도와 지속적이며 건강한 교회의 회복이라는 점을 발견하게 될 것이다. 그것은 이 책의 비전이며 열매이다. 박목사는 대길교회의 다섯 가지 새로운 청사진을 소개할 것이다. 그것은 목사 개인으로부터 전체 회중에 이르기까지 그리고 눈에 보이는 변화를 통해 보이지 않는 가치와 의를 위하여, 교회의 이미지를 높이는 것에서부터 궁극적으로 영적 성장에 이르기까지 그리고 마지막으로 박목사의 예루살렘인 대길교회에서부터 그리스도의 지상명령인 땅 끝까지 발전될 것이다.

제 2 장 / 대길교회의 지나온 발자취들

제 2장 대길교회의 지나온 발자취들

여명기

1950년대 한반도 전역은 전쟁으로 말미암은 상처와 재난으로 얼룩져 있었다. 특별히 수도 서울은 전투가 가장 격렬한 지역 중의 하나였다. 서울 곳곳에 한국군과 미군들이 주둔하고 있었다. 미군부대들은 주로 영등포에 주둔하고 있었기 때문에 많은 사람들이 영등포역 주변에 모여들었다. 모여든 사람들은 대부분 가난했고, 외로운 피난민들이나 북한으로부터 내려온 이산가족들이 대부분이었다.

신길동과 대방동 언덕 아래로 가난한 가정들이 모여들었다. 그리고 그 언덕 위에는 이름을 알 수 없는 무덤 사이에 호박 넝쿨들이 흩어져 있었다. 이것들 너머로 한강은 유유히 흘렀고 관악산이 외로이 서 있었다. 그 당시 신길동 언덕에 살던 몇몇 기독교인들이 하나님을 섬기고자 하는 갈급한 심령으로 모여들었다. 인근지역에는 1946년에 세워진 대방 교회 하나밖에 없었다. 그들은 처음에 권영우씨 집에서 모였다. 그곳은 좋은 장소였으며, 교회로 모이는데 적절했다. 그들은 처음부터 주의 은혜와 하나님의 축복을 사모하는데 열심을 냈다.

그러나 윤현의 집사를 만나기 전까지 그들에게는 교회 건물이나 부지조차 없었다. 윤현의집사는 승동교회 여전도회 회장이었다. 승동교회는 서울에서 가장 오래된 교회중 하나이다. 그녀는 기도하며 교회를 건축하는 일에 헌신하기를 소망하였다. 그녀와 남편 김인득집사는[1] 자원하여 양지바른 언덕부지를 매입했다. 그들은 언덕 위에 새 교회 건물을 짓기로 약속했다.

1956년 11월 4일 그들은 마침내 주일 아침 예배를 드리기 시작했다. 교회의 이름은 대방동과 신길동 사이에 위치해 있으므로 대길 교회라 붙였다. 당시에는 성도들이 권영우 성도, 정복실 성도, 최청자 성도, 김인순 성도, 장인호 장로와 그의 처 정신원 집사, 그리고 승동 교회 여전도회 회장 윤현의 집사와 학생들 몇몇 이었다. 10여 명에 불과하던 교인의 수는 얼마 되지 않아 두 배가되었고, 교회 예산도 두 배로 늘었다. 대길교회에 땅을 기증하고 건물을 바친 김인득 집사는 사업에 크게 성공하였다.

외부의 도움에 비하여, 이 교회에 씨를 뿌리고 내실을 기하고 자라게 한 것은 경건한 성도들이었으며 그것은 놀라운 하나님의 은혜였다. 그들은 가난했기에 조건 없는 사랑으로 서로를 섬겼고, 모일 때는 언제나 즐겁게 예배를 드렸다. 그것은 사도행전의 초대 예루살렘 교회처럼 작은 천국과도 같았다. 그들은 언제나 신실하게 살도록 미래에 대한 꿈을 갖고 살도록 서로를 격려하였다. 그리고 그들의 자녀들을 주님의 교훈으로 양육하도록 가르침을 받았다.

　그러나 숨겨져 있던 문제들이 드러나기 시작했다. 교회와 성도들에게 문제가 되었던 것은 외부적인 요인들보다는 내부적인 다툼이었다. 교회가 성장하는데 여러 가지 장벽들이 있었다. 그 당시 한국사회에 매우 일반적이었던 가난과 급변하는 사회 정치적 변화로 인하여 사람들의 마음은 불안하고, 시기와 갈등이 있었다. 또 1959년에는 '사라호'라고 불리는 태풍이 발생하여 한반도를 휩쓸고 지나감으로 저들의 생활 터전은 피폐하여 설상가상이 되었던 것이다.

　대체로 몇 가지 유형의 갈등이 있었으나 가장 심한 갈등은 인간관계의 갈등이었다. 대길교회의 첫 번째 갈등은 목회자와 관련되었다. 초대목사는 다른 교단의 교회를 개척하기 위해 몇몇 성도들을 데리고 대길교회를 떠나 버렸다. 그리하여, 교회의 성도들은 목회자가 없는 상태에서 교회를 건축해야 하는 힘들고 어려운 일에 직면하게 되었다.

　여러 목사들과 전도사들이 교회에 부임하였다가 잠시 머문 후 교회를 떠나 버렸다. 그 당시 교인들은 대길교회를 목사들이 보다 나은 곳으로 가기 위해 머무는 '목사 정거장'이라고 부르기도 하였다. 그들은 교회의 가난과 갈등 때문에 배고픈 천막교회를 뒤로하고 떠나 버렸던 것이다.

　초기 교회 성도들 가운데 두 명이 현재까지 남아 있다. 그리고 여전히 대길교회를 섬기고 있다. 두 사람은 은퇴 권사이다. 그들은 그 당시

상황의 증인들로 불리고 있다. "우리 교회는 목사님께 사례를 드리지 못했습니다. 그래서 목사님의 가족은 자주 굶으셔야 했어요. 심지어 교회에는 동네에 예배시간을 알려주는 종도 없었답니다."

목회자도 없는 어려운 시기였던 1963년 5월 12일에 그들은 여전도회를 조직했다. 그들은 어려움에도 불구하고 지도자를 섬기고, 약하고 가난한 자를 섬기며, 복음을 전하는 일을 통해 교회에 큰 힘을 불어넣었다. 그들의 헌신으로 내적 평안을 회복했고 점점 자라 갈 수 있게 되었다. 여전도회는 이처럼 한국 교회 내에서 과거에서처럼 현재에도 교회를 위한 디딤돌이 되고 있다. 그들은 부흥회를 열기를 열망했기 때문에 그 당시 능력 있는 부흥사로 불리던 박용묵 목사(당시 대구 문화 교회 시무)를 초청하였다.

주

1) 그는 후에 장로가 되었으며, 또한 한국의 대기업인 벽산그룹의 회장이 된 것은 후의 일이다.

부흥의 시기

　박용묵 목사는 1963년 대길교회에 부흥강사로 초청되었다가 1983년까지 대길교회의 담임목사로 봉사하였다. 그는 은퇴한 후 8년 후에 운명하셨다. (2001년 4월 4일 영파 10주기 추모 예배를 드린바 있다). 목사로서 봉직한 20년 생애 동안 박용묵목사의 사역과 헌신을 부정하는 사람은 아무도 없다. 그가 목회를 시작했을 때 교회는 가난하고 여전히 작은 천막교회였다. 단지 15명의 성도들이 천막교회의 진흙 바닥 위에 등 받침이 없는 도마 의자에 앉아서 예배를 드리고 있었다. 후일 그는 능력 있는 부흥사였기 때문에 일평생 한국에서 거의 일 천 회의 부흥성회를 인도했다. 그는 영향력 있고 영성 있는 부흥사로 전국적인 명성을 얻었으며 한국 부흥사 협회 초대 회장을 역임한 바 있다. 그러나 당시에 그는 타 교회 집회를 인도한 후에 받는 강사 사례비로 그의 가족을 부양해야만 했다. 왜냐하면 그 때 교회의 재정이 너무 빈한하여 그에게 정규적인 생활비를 드릴 수 없었기 때문이다.

　박용묵 목사가 최초로 한 일 중에 한 가지는 1963년 12월에 직분자들을 임직시킨 일이었다. 이때 임직을 받은 직분자들은 초대장로인 장인호 장로와 남준국 집사, 박봉현 집사가 포함되어 있었다. 1964년 1월 4일 교회는 박목사의 집에서 목사 한 명과 장로 한 명으로 구성된 첫 당회를 열었다. 박목사가 짧게 예배를 인도한 다음 그들은 세 명의 서리 집사와 여섯 명의 여 집사를 선임했다. 같은 모임에서 그들은 또한 몇 개의 기관을 조직했고 그들을 이끌어 갈 평신도 지도자들을 선출했다. 이때 조직된 교회기관은 성도들을 위한 다섯 개의 구역모임과(* 현재는 약 100개의 구역모임이 있음) 어린이와 학생들을 위한 주일학교(* 현재는 10개의 주일학교가 있음) 그리고 성가대가 포함되어 있었다.

박용묵 목사는 처음으로 대길교회의 건물을 완공했다. 벽돌로 교회 담을 쌓았고, 지붕은 양철로 덮었다. 예배당은 대지를 정리하여 벽돌담을 쌓고 지붕을 양철 스레트로 씌워져 있던 건물을 개축하여 손질해야 하는 일이었다. 진흙 바닥은 짚으로 깔았고 그 위에는 단지 열 개의 거친 나무 의자를 놓았다. 그들은 예배 시간에 소음, 특히 동네 아이들이 돌을 던질 때 나는 소리 때문에 어려움을 겪었다고 한다. 그들은 새 교회 건축하기를 간절히 원했으나 자금도 없었고, 인력도 없었던 것이다.

그들이 할 수 있는 유일한 일은 계속해서 함께 모여 기도하는 것뿐이었다. 마침내 그들은 스스로 건축자금을 모으는 한편 다른 사람들에게도 도움을 청하기로 결정했다. 박용묵목사는 교회의 위임목사가 되는 위임식을 연기한 채, 교회의 재건축 하는 일과 그 재정을 확보하는 일에 몰두했다.

마침내 55평이 넘는 새 성전이 김인득 장로의 아내 윤현의 집사의 도움으로 완성되었다. 전체 건축비용은 200만원이 넘었다. 그들은 처음에 겨우 33만 5천 4백원을 모금했다. 그 당시 대길교회는 장년 50명, 주일학교 어린이와 학생 150명의 규모로 성장해 있었다. 1966년 11월 29일, 대길교회는 새 예배당을 헌당하고 박용묵목사를 위임목사로 추대하는 한편 임직자를 세우는 뜻 깊은 기념예배를 드리게 되었다. 이 때 남자 집사 8명과 여자 집사 15명을 세웠다. 이후 주일학교를 유년부와 학생부, 그리고 장년부로 나누어 주일학교 교육에 힘을 썼으며 교사만도 28명으로 증가하여 유년 장년 모두 합해 300명의 교세로 성장하였다. 성가대도 날로 성장하여 대원이 20여명에 이르렀다. 예산도 또한 매년 증가하여 1967년도에는 750,000으로 책정되어 날로 부흥되어 가며 자립하고 있었던 것이다.

시련기

1968년부터 69년 사이의 2년 동안 박용묵목사는 한국의 도시와 시골의 수많은 교회에서 매년 40여 차례 부흥회를 인도했다. 그런데 초대장로였던 장 장로가 교회를 떠남으로써 대길교회에는 장로가 한 사람도 없는 상황이 되었다. 목사 한 사람이 대길교회를 다 책임져야만 했다. 이러한 교회를 미조직 교회라고 한다. 박용묵목사는 부흥회를 많이 인도해야 했고 교회의 행정을 돌보는 사람은 없었다. 이것이 집사들 간의 갈등으로 발전되었다. 이러한 갈등에도 불구하고 그들은 1969년 9월 28일 대길교회 공동의회에서 새 장로를 선출했다. 그들이 공동의회로 모여 2명의 장로를 선출하기는 했지만 집사들 간의 내분으로 인한 갈등을 극복하지는 못했다. 박용묵목사는 이 때 여러 가지 일들을 겪으면서 노회에 소환되었다. 대길교회의 담임목사가 대한 예수교 장로회 총회의 재판국에 소환되었던 이 시기가 시련기였다.

'*대길교회 30년사*'에는 다음과 같은 기록이 있다.

"1970년은 1956년 대길교회 설립이래 가장 혹독한 시련의 해로 기록되었다. 온 교회가 주님께서 맡기신 사명을 감당치 못하게 하려는 사

탄의 끊임없는 시험으로 고통을 당해야 했다. 젊은 집사들의 노력과 박목사의 변함없는 헌신으로 대길교회는 분열되거나 좌초되지 아니하고 살아 남을 수 있었다."

대길교회의 갈등은 인간관계의 문제였다. 다른 말로 하면 교회 안에서의 주도권 다툼이었다. 장로교 교단의 교회 지도자들은 이러한 문제를 잘 이해하고 있을 것이다. 그 문제들은 구세대와 신세대 사이, 그리고 교회의 초창기 성도들과 새로 전입한 신자들 사이, 그리고 목사와 장로 혹은 안수집사 사이에서 발생하였다. 한국 장로교회에서는 대부분의 갈등들이 도덕성과 신학의 문제에서 발생된 것이 아니라 일종의 주도권다툼 때문에 발생되었다. "누가 최고이며 가장 영향력 있는 사람인가?"의[1] 싸움인 것이다. 이것은 물론 유사 이래로 정치와 인간사회에서 가장 중요한 주제로 취급되어 왔다.

박용목목사가 처음으로 대길교회 목사로 청빙 받았을 때 그는 일정한 사례금을 받지 못하는 대신 부흥성회에는 자유롭게 갈 수 있다는 조건으로 청빙을 받아 들였다. 그러나, 행정의 부재로 갈등이 일어나자 교회는 긴급히 박용묵목사를 일년에 15주 이상은 나가지 못하도록 결정했다. 사실 교회의 교인 수는 1975년에 출석 교인 성인 200명 이하로 떨어졌었다.

교회 성장의 열쇠가 목회자에게 달려 있다는 것은 틀림없는 사실이

다. 대부분의 교회들은 설교 잘하고 기도 많이 하고 교회 행정에 탁월한 유명하고 재능 있는 목사를 담임목사로 모셔 오기를 원하지만 경제적 문제와 교회의 역량 때문에 그런 목사를 모셔 올 수가 없다. 그래서 교회가 가난하고 약하여 목사를 충분히 지원해 줄 수 없을 때는 담임목회의 책임 중 한 두 가지를 양보하지 않을 수 없게 되는 것이다. 초기 대길교회의 경우, 그들은 담임목회자의 심방하는 일과 목회 행정 일을 양보했던 것이다.

전적으로 헌신해야할 담임목사에 대한 요구의 목소리가 점점 커졌다. 목회자가 교인들에게 많은 시간과 에너지를 쓸 수 없었기 때문에 교인들은 소외감을 느끼고 불평하게 되었다. 특별히 교회에서 인정받지 못하고 중직자로 선출되지 못한 이들이 부정적인 역할을 했다. 물론 불평하는 자들은 이것을 도덕성과 신학적인 문제로 결부하여 합리화하곤 하였다.

목회상담과 리더십은 서로 연결되어 있고 또 서로 통하는 면이 있다. 그들은 문과 벽 사이의 경첩과 같다. 그 경첩은 두 가지 기능을 다 갖는다. 하나는 그 문이 벽에 붙어 있게 하는 것이고, 다른 하나는 그 문이 유동성 있게 움직이게 하는 것이다. 성장하는 모든 교회는 두 종류의 손을 갖고 있어야 한다. 어머니처럼 부드러운 손과 아버지처럼 강한 손이다. 때로는 어머니처럼 자녀를 돌보고 때로는 아버지처럼 하나님의 뜻에 따라 살도록 격려하고 위로하는 한편 강권하며 추진하는 힘

이 있어야 한다.2)

지도력의 균형과 조화가 중요하다. 어떤 목사의 리더십은 강하고 어떤 목사의 리더십은 부드럽다. 교회 성도 대부분이 부드러운 리더십을 선호하지만 부드러운 리더십은 교회를 개선하고 성장하는 일에는 취약하다. 자신의 개성을 따라 목사는 모성애적 리더십과 부성애적 리더십 중 어느 한가지로 기울어지게 된다. 자신의 리더십의 약점을 극복하고 다른 리더십으로 자신의 리더십을 보완하는 사람은 보다 나은 지도자가 될 것이다. 좋은 지도자는 태어나는 것이 아니라 예수의 제자로 훈련되는 것이기 때문이다.

초창기의 갈등이 실제로 무엇이었는가를 기술하는 것은 미묘하고도 어려운 일이다. 최초의 갈등은 교회성도와 박 목사 사이에 있었다. 그 문제는 신실한 집사들과 박 목사의 헌신과 기도를 통하여 극복하였었다.3) 그러나 두 번째의 갈등은 목사들 사이 즉, 은퇴한 박용묵 목사와 후임 목사 사이에 있었다. 1983년 12월 17일 박용묵 목사가 원로목사로 추대되고, 윤성원 목사가 제 4대 담임목사로 취임하였다. 이전에 박용묵 목사는 윤목사의 아버지가 장로로 있던 시골 교회에서 봉직한 적이 있었다. 그들은 목회의 선임자와 후임자로서 동역을 위한 이상적인 만남을 이룬 것처럼 보였다.

교회 모든 성도들은 두 목사가 지속적으로 친밀하고 가까운 관계가 되기를 소망했다. 그렇지만 여기에 문제가 있었다. 선임목사는 영성이 강한 부흥사였으며, 자상한 인격의 소유자인 반면에 후임목사는 유능한 행정가로서 목적이 이끌어 가는 리더십을 실천하는 사람이었던 것이다. 그들의 개성이 너무나 뚜렷했기 때문에 어떤 사람들은 새로운 타입의 목회를 좋아했고, 어떤 사람들은 옛날 형태 그래도 남기를 원하게 되었다.

물론 그들은 서로 직접적인 부딪힘은 없었으며 오히려 신사적이었고 신실했다. 그러나 그들을 따르는 교인들은 아브라함과 그의 조카 롯처럼 서로 갈등을 빚게 되었다. 마침내 두 분 모두 교회를 떠나게 되었다. 한 분은 와병으로 눕게 되었으며, 1991년 4월 4일 하늘나라로 갔고, 다른 한 분 윤성원 목사는 1988년 미국으로 떠났다. 그리고 현재 이민 목회에 진력 충성하고 있다. 필자는 누가 옳고 그른지를 판단하려는 것이 아니다. 어떤 면에서 둘 다 책임이 있다고 할 수 있으며 또한 그들의 책임이 아니라고도 할 수 있다. 그 이유는 그들의 목회 형태가 다르고 성격과 환경이 서로 달랐기 때문이다. 서로 기질과 취향이 다르기에 갈등과 아픔은 피할 수 없었던 것이다.

갈등 없는 교회 없고 문제없는 목사는 없다 그러나 갈등과 문제를 극복한 교회는 반드시 성장한다. 내적 갈등과 문제에도 불구하고 대길 교회는 성장할 수 있었다. 특이한 것은 1970년 이래의 혹독한 시련기에도 불구하고 대길 교회는 한번도 분열되지 않고 지금까지 지내왔다는 사실이다. 1970년과 80년대는 한국의 대부분의 교회가 성장하고 있었다. 그러나 이 때에 대길 교회가 갈등과 반목이 없이 낭비하지 않고 목회의 역량을 모을 수 있었다면 보다 큰 교회로 발돋움할 수 있었을 것이라는 것은 공지의 사실이다. 이 때가 한국 교회로서는 성장의 황금기였다.

하나님의 말씀이 절대적이지만 목회 리더십과 교회 성장은 상대적이고 사람에 의해서 이루어지는 것이다. 교회 성장을 위한 절대적인 유형의 지도력은 없다. 흙과 공기에 의해 식물은 자란다. 교회 성장과 지도력은 같은 이치이다. 예를 들어 자유 분망한 구성원들인 경우에 자신들과는 다른 독재적 형태의 지도자를 좋아할 때가 있는가 하면 자신들과 같은 자유로운 형태의 지도자를[4] 선호할 때가 있다. 교회의 갈등 그 것은 목사의 지도력과 관계 된 것이기 때문이다.

주

1) 한국 기독교 문화 연구소, 한국 교회 성장둔화 분석과 대책, 14-17쪽 참조
2) 살전 2:7,11
3) 대길 교회 30년사, 114쪽
4) Auren, Uris. How to be a Successful Leader. 28-31쪽 참조

새 시대

1989년 7월 16일 다섯 번 째 담임목사로 부임한 박현식 목사는 서울에서 300km나 떨어진 지방 도시 대구로부터 청빙 되었다. 당시 대길교회 안에는 두 종류의 감정이 교차하고 있었다. 하나는 사슴이 물을 찾아 갈급함 같이 일년 반이나 기다려 온 담임 목회자에 대한 기대감이 있고, 다른 하나는 겨우 만 38세 밖에 되지 않은 새로운 목사를 바라보는 걱정이었다. 그럼에도 교인들의 열망과 기도는 뜨거웠다. 30대 목사가 대길교회에 왔다는 사실은 서울에서는 센세이션 그 자체이었다. 박현식 목사가 선임되기 전에 이미 수십명의 유명 무명의 선배 목사가 지원을 했었다.

젊은 박 목사가 목회를 시작했을 때 교회는 교회성장의 탈출구를 얻은 듯 하였다. 실제로 대길교회는 성인 출석률이 50% 성장에 육박했고, 부임 첫 해의 예산이 배로 증가했다. 그는 옛날의 분쟁을 모른 채 열심히 사역했다. 그 해 연말에 그는 미묘하고 어려운 문제를 해결해야 했다. 그것은 선교 정책에 대한 문제였다. 비록 그들이 박목사를 모시기로 동의는 했지만 여전히 상한 마음을 가지고 있었고, 정서적으로는 갈등의 여지가 있었기 때문이었다.

내용인즉 대길교회는 이미 1987년에 현지인 선교사 가족을 인도로 파송해 놓고 있었다. 한편 같은 지역에서 사역하고 있는 또 한사람의 평신도 선교사가 있었다. 박 목사는 그 선교사들 중에서 대길교회가 도와야 할 한 사람을 결정해야만 했다. 그는 이 주된 선교 갈등과 관련하여 얽히고 설킨 문제들과 씨름해야 했다. 인도에 파송된 선교사들 중 한 명은 한국인 여성과 결혼하고 대길교회에 의해 파송된 젊은 인도인이었고, 다른 한 명은 그 젊은 현지 선교사를 감독하기 위해 인도로 파송된 유력한 장로였던 것이었다. 박 목사는 인도 선교지에서의 갈등뿐만 아니라 국내 당회에서의 갈등을 먼저 해결해야 했다.

그 갈등을 해결하는 것이 그가 처음으로 맞은 위기상황이었다. 그는 부목사 출신으로 선교에 대해 어떠한 식견이나 경험도 없었다. 그는 함께 논의할 시간과 사람도 없었다. 그는 기도원 높은 산에 올라가 온 밤을 지새어 흰 눈을 덮어쓰면서 땅에 엎드려 기도하였다. 먼저 그는 하나님의 말씀에 의해 자신을 부인해야 했고, 목사로서의 그의 모든 보장된 권리를 포기했다. 그 순간 마침내 하나님으로부터 응답을 받았다. 그것은 지혜의 번뜩임이었다. "당장 하지말고 일 년 후에 결정하라" 그 순간 그는 매우 흥분했으며, 그의 눈은 눈물로 가득 찼다. 산을 내려와서 당회를 소집하였다. 그는 당회와 교회 앞에서 선포했다. "나는 인도의 선교를 잘 모릅니다. 나는 이 중요한 사안을 내년 이맘때까지 인도를 다녀온 후에 결정하겠습니다. 그것이 전부입니다." 모든 성도들은 만족해하며 그 결정에 동의해 주었다. 내적 갈등은 차츰 잠잠해지게 되었다. 후일 그는 선교의 다양성을 인식하고 평신도 선교사 이기섭 장로를 남인도에 파송하여 후원하는 일에도 적극 협력하였다.

박 목사는 1990년이래 교회 성장에 몰두해 왔다. 그는 목회현장에서 수많은 혁신적인 방법을 시도했다. 몇 가지 중요한 프로젝트들을 아래에 소개한다.

1)총동원전도

총동원 전도는 매년 실시되었다. "이번 주일 딱 한번만!"이 첫 번째 슬로건이었다. 이 전도 방법은 누구나 할 수 있는 일이었다. 1990년 봄에 대길교회는 4천명이 넘는 새 신자들로 교회당을 채울 만큼 분위기가 고조되었다. 새 신자들 중에는 심지어 불교의 승려와 점쟁이들도 있었다. 여집사 한 사람이 새신자를 무려 350명을 인도하기도 하였다. 새로 온 신자들은 박 목사를 만나기 위해 방문객실을 가득 채웠다.

2) 교육의 중요성

박 목사는 목회자로 부르심을 받기 전 경주에서 10년을 중등학교 교사로 재직하였던 적이 있다. 그는 교사로서 경력을 쌓은 반면에 스스로 세속 교육의 한계를 느꼈다. 한 영혼을 세우기 위하여 일대일 목회 체제에 의한 대길교회 주일학교 교육을 독려했으며, 또한 작은 모임들로 재조직했다. 특별히 그는 두 가지를 강조했다. 하나는 영아(0세에서 3살)와 부모교육이었으며 다른 하나는 평신도 훈련이었다. 대길교회의 영아부 주일학교는 200명이 넘는 영아와 그들의 부모들이 모여서 매주 교육을 받고 있다.

평신도를 훈련하는 일은 어려웠지만 열매가 있었다. 한국에서 평신도 신학은 친숙하지 않다. 대길교회는 이미 10년 전에 "평신도를 깨운다(* 사랑의 교회 옥한흠 목사)" 프로그램을 소개한 바 있다. 제자훈련의 첫 단계로 평신도 단기 대학-SPONSOR COLLEGE를 설립하고 성도들이 그곳에서 체계적인 성경공부, 경건의 시간, 기도와 전도 그리고 그리스도인의 확신과 생활실천을 포함한 기본과목들을 공부하게 하는 것이었다. 그것은 제자훈련과 유사하나 개인훈련이 아닌 단체로 수강하게 하였다. 다음 단계는 2년 동안의 소그룹 성경공부를 통한 제자훈련 과정이었다. 그 과정을 마친 후에 그들은 대길교회의 새신자 혹은 소그룹의 지도자가 되었다. 대길교회는 현재까지 300명이 넘는 일대일 양육자-스폰서들과 100개가 넘는 구역과 소그룹을 가지고 있다.

3) 기도회

기도회 모임에 대한 강조를 새롭게 발전시켰다. 열심 있는 한국 기독교인들은 매일 새벽 5시와 매주 금요일 밤에 기도하기 위해 모인다. 대길교회는 새해 첫 주 특별 새벽기도 그리고 고난주간의 새벽기도, 11월의 대길교회 설립을 기념하는 30일 새벽 기도회를 갖는다. 박 목사는 대길교회 성도들에게 특별 새벽기도를 선포했다. 기도회를 주창하는 것은 목회자의 고유 권한이다. 현재 대길 교회는 하루 세 번 기도하는 다니엘 기도제단을 쌓고 있다. 한국 교회의 저력은 바로 기도 제단에 있으며, 교회는 영적인 소망과 응답으로 채워져야 하기 때문이다.

4) 선교와 구제 사역

대길교회는 인도와 중국, 인도네시아를 비롯해 스무 개가 넘는 국가에 선교사들을 파송했거나 협력 후원하고 있다. 대길 세계선교위원회의 전체 예산은 현재 교회 개척을 위한 특별 개인 지원과 함께 1억 3천 만원에 달하고 있다. 1995년 실업인선교회가 조직되었고, 1998년에는 의료선교회도 발족하였다. 대길교회는 선교와 구제사역에 인색하지 않았다. 제3세계에서 온 많은 선교사들이 도움을 구하기 위하여 방문하고 있고 박 목사는 매년 인도와 다른 나라들을 방문하고 있다.

해외 선교 외에도 대길교회는 30개가 넘는 국내 농어촌 교회를 돕고 있다. 대길교회는 또한 가난한 이웃들, 지체부자유자들 그리고 소년소녀 가장들에게 도움을 주고 있다. 심지어 IMF 시절에는 직장을 잃은 사람들에게 매주 거의 100명에게 식사를 제공하곤 하였다. 구제 사역의 표어는 "주는 것이 받는 것보다 복이 있다."(행20:35)

5) 기독교 문화

대길교회는 화난 얼굴보다 웃는 얼굴을 좋아한다. 한국 교회의 많은 기독교인들은 우울하거나 화난 것처럼 보인다. 그리고 목사는 권위주의의 옷을 입는다. 예배는 엄숙한 장례식을 연상케 한다. 이것은 복음이 아니다. 교회는 등에 진 무거운 짐을 내려놓는 장소가 되어야 한다. 기쁨과 감동의 축제가 되어야 한다. 박목사는 검은 목사 가운을 벗고 강단을 개방하는 일단의 개혁을 실시하였다. 대길 교회는 목사와 장로의 특별석이 없다. 성가대 석도 따로 없다. 누구나 다 같이 아래에 앉았다가 순서가 되면 등단하면 된다. 강단에는 평신도, 여자들까지 신을 신고 오른지 벌써 오래 되었다. 교회의 거룩성은 표면적인 형식이 아니라 중심에 있기 때문이며 모두가 왕같은 제사장으로서의 책임과 권한을 지니기 때문이다. 목사가 행복하고 균형 감각이 있을 때 회중도 건강하고 확신을 갖게 되는 것이다. 이것을 이루기 위해 목사는 다양한 프로그램으로 성도들을 격려하는 사람이 되어야 한다.

2년에 한번씩 대길교회는 좋은 경관을 지닌 해변이나 열린 장소에서 여름수련회를 개최한다. 어린이로부터 노인에 이르기까지 여름수련회에 참가한다. 그 때 그곳에서 대길교회는 다양한 성경공부 그룹들을 운영하고, 레크리에이션 프로그램과 큰 행사를 제공한다. 열린 음악회, 해양 올림픽, 그리고 자유시간에 가지는 가족별 관광 여행이 그것이다. 1996년에는 한국의 하와이에 비교되는 제주도를 300명이 넘는 교인이 비행기로 방문한 적이 있었다. 기독교인들 역시 그들의 삶을 움직이는 구호와 행복할 수 있는 아름다운 추억들을 좋아하기 때문이다.

　　박 목사는 다양한 분야에서 교회 성장을 위해 몸부림쳤으나 대길교회에 와서 그의 능력의 한계를 느꼈다. 1996년 말에 그는 목회의 두 번째 위기를 맞게 되었다. 그 당시 한국 교회들은 침체기에 도달해 있었다. 그는 영적으로 탈진을 느꼈다. 그는 목회의 새로운 지평선에 도전하기 위해 침체와 무기력이라는 그물에서 탈출하기 원했다. 그래서 그는 미국 버지니아 린치버그에 있는 리버티 대학교(Liberty University Seminary)에 문을 두드렸다. 그는 공적, 사적으로 다양한 프로그램을 시도해 보았다. 동시에 그는 세속화의 유혹에 대한 두려움과 함께 일종의 좌절감과 혼란스러움을 느꼈던 것이다. 문제는 목사 자신에게 있었다. 교회 성장을 원하는 목사가 그 자신을 개혁하지 않고 그의 교회를 개혁시키는 것은 불가능한 일이었다. 그는 1997년 4개월의 안식기간 동안에 미국에서 DMin. 과정을 마무리 할 수 있는 기회를 얻었다.

그는 그곳에서 좋은 교수들을 만났고 그의 문제가 무엇인지를 깨달았다. 그것은 리더십의 문제였다. 지도자는 자신이 이끄는 그룹과 자기 자신을 잘 알아야 하며, 비전으로 다른 이들을 격려할 수 있어야 한다. 그리고 그 비전은 성경의 진리뿐만 아니라 주어진 현실과 삶의 정황에 뿌리를 두고 있어야 한다. 현실은 두 가지 측면으로 이루어져 있다. 하나는 인간관계이고 다른 하나는 그의 시대 정신이었다.

박목사는 자신을 객관적으로 성찰하기 위하여 먼저 교회성도들과 지역사회와 노회원의 앙케이트 조사를 근거로 하여 대길교회를 새롭게 연구했다. 둘째로 그는 IMF이후의 달라진 세태와 새로운 천년에 대하여 연구했다. 박목사는 인적인 요소와 그의 시대라는 두 가지 요소를 조명하려고 하였다. 교회 성장을 위해서는 이 두 가지 요소를 이해함이 필수적이기 때문이다. 사실상 오늘날 한국교회의 정체현상은 변화되어 가는 두 가지 요소 때문에 일어나고 있는 것이다.[1] 그런데 목회자들은 이것을 깨닫지도 못하고 반응을 하지도 못하고 있다.

주

1) 한국 기독교 문화 연구소, 한국 교회 성장둔화 분석과 대책. Ⅳ. 종교사회학적 접근. 161-176쪽 참조)

제 3 장 / 교회의 현주소 : 너 자신을 알라

제3장 교회의 현주소 : 너 자신을 알라

현재 상황 조사를 위한 준비

조사를 실시하기 위한 첫 번째 단계로서 주의 깊고 완벽한 준비가 요구된다. 그래서 박 목사는 이 일을 위해 힘을 쏟았다. 여기서 세 가지 조사 준비활동을 제안해야만 했다. 첫째, 교회 동의를 구하는 것 둘째, 조사 요원을 선정하는 것, 그리고 조사 위원회를 조직하여 훈련하는 것이 바로 그것이다. 목사와 당회 혹은 어떤 특정한 장기 계획 위원회 혹은 21세기 계획 위원회와 같은 교회 기획그룹이 준비를 철저하게 해야 하는 것이 일차적인 업무였다. 교회의 개혁은 장기 목회의 일환으로 미리 준비되고 토의되어야만 하는 것이 전제이기 때문이었다. 이런 내용을 보다 일목요연하게 정리하면 다음과 같다.

준비1 - 조사를 수행하기 위해 교회의 동의를 얻어라.[1]
조사실시 여부는 교회가 가장 먼저 결정해야 할 중요한 일이었다. 목사, 재직회, 그리고 당회는 조심스럽게 조사의 목적과 필요를 고려해야 하고, 회중과 함께 그것을 나누어야 하는데 이것을 선행한 것이다.

박 목사는 설교와 교회신문, 게시판, 다양한 교회 지도자들과의 논의를 통해 회중들을 준비시켰다. 조사를 성공적으로 마치기 위해서 분명한 것은 반드시 회중들이 참여해야 한다는 사실이다. 기존 장로 교회의 경우 당회의 토론과 협조가 없이는 거의 불가능하기 때문이다. 당회원 자신들이 솔선수범한다면 효과는 극대화 될 것이 틀림없다.

준비2 – 조사간사[2)

그 다음으로 조사위원회를 도울 자격이 있는 사람을 회중에 의해 선출해야 했다. 조사간사의 직무는 다음과 같다.

1. 각 위원회의 사안들을 기록한다.
2. 연구과제에 관계되어 위원들에게 오는 보고서나 편지들을 분류한다.
3. 자료 종합, 수정, 최종 보고서 작성을 돕는다. 간사는 교회 직원이나 자격 있는 자원봉사자가 될 수 있다. 대부분의 경우 교회는 간사를 지원하는 예산을 마련해야 할 것이다. 또한 보고서를 복사하거나 제공하기 위한 예산도 준비되어야 한다.

준비3 – 조사위원회 조직과 훈련

위원회에 속한 대부분의 위원들은 훈련된 조사원들이 아니기 때문에 그들이 효과적으로 임무를 수행하기 위해 일정한 훈련이 필요했다. 조사위원회가 가동되면서 목사와 위원장은 조사위원회의 훈련을 감독할 책임을 갖게 되었다. 조사위원들을 향한 훈련의 진행순서는 다음과 같이 행해졌다.

1. 왜 조사가 필요한가? - 교회 자원을 계획하고 사용하는 것을 지도하기 위한 최신의 정보에 대한 필요성을 논의
2. 조사서에 친숙해지기
3. 조사방법 이해하기
4. 첫 모임 날짜를 결정하기

조사방법 이해하기

일단 조사를 위해서 적절한 질문을 만드는 것은 대단히 어려운 작업이었다. 한국의 어떠한 대학 도서관이나 심지어 국회 도서관에도 참고할 만한 예문은 없었다. 대길교회를 향한 조사를 위해서는 세 가지 다른 조사 방법이 사용되었다. 성도들에 의한 교회 평가 조사, 지역사회에 의한 평가 조사, 그리고 노회원들에 의한 평가 조사가 바로 그것이었다. 그리고 대길교회의 과거사, 현재 상황, 미래의 비전이라는 세 시기에 관하여 조사가 이루어졌다. 미력하나마 도움을 줄 수 있는 자료

로 부록에 첨부하여 두었다.

우리 교회에 대한 조사

조사서 A : 교회사 자료

조사서 B : 교회 통계자료

조사서 C : 교회 물적 자원 자료

조사서 D : 교회 성도 자료

조사서 E : 교회 리더십 자료

조사서 F : 교회 조직 자료

조사서 G : 교회 효율성 자료

우리 지역사회에 대한 조사

조사서 H : 지역사회 정의 자료

조사서 I : 지역사회 구성 자료

조사서 J : 지역사회 전도/목회 자료

조사서 K : 지역사회 상황 요소 자료

노회원들에 대한 조사

조사서 L : 노회원 자료

조사서 M : 교회의 우선권을 갖고 있는 노회원들

조사서 N : 노회원들이 갖고 있는 대길교회의 이미지
(1)과거
(2)현재
조사서 O: 노회원들이 갖고 있는 대길교회의 비전

이 조사서에는 미래 계획에 대한 관심사항을 기술하는 부분과 질문에 답변할 수 있는 부분이 포함되어 있다. 그리고 설문조사를 받은 후 자료수집과 그것을 해석하기 위한 표와 그래프들을 사용하였다.

어떻게 교회, 지역사회, 그리고 노회원들의 관심사를 알아 볼 것인가?

첫째로 자료수집, 둘째로 자료분석, 셋째 자료와 분석으로부터 과정에서 조사대상자들이 가지고있는 관심사들을 찾아낼 수 있었다. 그리고 작업과정의 각 지점에서 연구 그룹에 의해 발견된 관심사들은 기록되고 정리되었다.

자료를 가지고 무엇을 할 것인가?

조사가 완성된 후 수집된 자료와 가장 중요한 관심사들의 목록을 만들었다. 이러한 관심사들은 교회와 교회를 향한 지역사회의 필요요청에 응답하는 노력으로, 교회의 목적을 정하고 활동 계획을 수립하고자 할 때 그 일의 지침으로 사용될 수 있었기 때문이다.

대길교회와 지역사회 조사 착수

조사 준비 작업을 마친 후 위원회는 즉시 실제적인 조사를 시작했다. 여기서는 양질의 조직과 효율적인 절차가 성공의 열쇠라는 사실을 체감했다.

다섯 가지 활동 제안
1. 조사 범위를 결정한다.
2. 작업 계획서를 작성한다.
3. 조사 위원회를 몇몇 연구 그룹으로 나누고 각 그룹의 지도자를 임명한다.
4. 연구 그룹은 A에서 O까지 조사를 완료한다.
5. 최종보고서를 완성하여 교회에 제출한다.

장기 계획 위원회는 두 가지 연구 그룹으로 나누어졌다. 한 그룹은 장기계획에 필요한 관심사를 발견하기 위해 교회를 연구하고, 다른 한 그룹은 계획된 교회활동이 필요한 영역들을 발견하기 위해 지역사회를 연구했다. 이것을 위해 사용될 기초 자료들은 교회, 지역사회, 노회 분석 작업서 안에 들어 있었다. 이 작업서 안에는 교회, 지역사회, 노회 연구 그룹들을 지원하기 위한 양식과 지시사항이 동시에 수록되어 있었다. 이 연구는 교회가 어떤 특정한 시기에 그리스도가 원하시는 일을 어느 정도 실천하고 있는지 드러나게 해 주고, 미래를 계획하기 위한 견고한 기초를 제공해주기 위해 필요한 것이었다. 또한 교인들이 진실로 그들이 누구인지를 발견하고 평가하는데 도움을 주기에 적절했다. 분명한 것은 교인들에 대하여 자체적인 분석과 진단이 이루어지게 된다면 교회 안에서 문제점들과 또 다른 기회들이 발생할 때 그들을 복음으로 잘 이끌어 갈 수 있게 될 것이다.

조사는 어떻게 완성되었는가?

대길교회 성도들을 조사하는 일은 1996년 9월 21일 주일 오전 예배 후 교회에서 실시되었다. 734명이 조사에 참여하여 부목사가 질문을 읽어 주는 동안 성도들은 질문서를 작성하였다. 설문지를 완성하는 데는 약 40분이 걸렸다. 응답서를 수집한 후 간사들이 그 자료를 컴퓨터에 입력했다. 지역사회 조사는 1996년 10월 22일에서 11월 2일까지 주말마다 그들이 만나기 좋은 시간에 실시되었다. 비록 그 조사서를 제출한 이들이 소수였고 힘든 일이었지만 지역사회에 가까이 다가가서 질문을 던진 것은 의미 있는 일이었다. 39명이 이 조사에 참가했다. 대길교회 설립 40주년 기념행사에 참석한 이웃들에게는 작은 선물이 준비되었고 제공되었다.

노회 조사는 남서울 노회 제42차 정기노회가 열린 1996년 10월 28일에 대성교회에서 이루어졌다. 37명이 이 설문지에 응답했다. 그들은 교회와 노회를 대표하는 목회자와 장로들이었다.

주

1) Migliore, PhD. R. Henry, Stevens, PhD. Robert E., London, PhD. David L. Church and Ministry Strategic Planning)
2) Brown, Jr. J. Truman, Allen, Jere. Church and Community Diagonosis Workbook)

조사결과를 분석하다.

1) 일반적인 결과

734명이 조사에 참여했는데 39%는 남자였고, 61%는 여자였다. 이것은 남성 30%, 여성 70%인 교회 출석률에 근접하고 있다. 응답자 중 60%는 기혼자였다. 대길교회 등록 년도는 2년에서 20년에 이르렀다. 50명이 넘는 응답자 8%는 대길교회의 등록 교인이 아니었다.

응답자 중 60%는 교회 근처에 살고있는 상황이었다. 서울의 심각한 교통체증문제 때문인데 그것이 교회의 출석을 위해서는 이점이 되었다. 대부분의 성도들은 가까운 곳에서 교회를 출석했지만 멀리서 오느라 시간을 많이 쓰는 성도들도 많았다.

주거의 종류로는 세 가지—아파트, 독립주택, 전셋집—가 있었다. 명확히 규정하기 어려운 일이지만 서울 사람들은 일반적으로 아파트에 사는 사람들은 부유하고 학식이 있는 사람들이라고 생각하고 있다. 부유하지 않은 아파트 거주자들은 대부분 전세를 사는 사람들이다. 전세를 놓는 사람들은 보통 시 외곽으로 이사를 간다. 교인들 중 3분의 2는 중산층으로 분류되었고, 적어도 5%는 가난한 가정으로 분류되었다.

종교적 태도

교인들의 출석률을 점검하는 일은 사실 매우 중요하다. 그 이유는 더 많이 교회의 집회에 출석할수록 더 많은 관심을 갖고 있다는 것을 반증하기 때문이다. 조사결과에 의하면 주일예배의 출석 율은 매우 높아서 거의 90%에 달했지만 다른 모임의 출석 율은 낮다는 것을 보여주었다. 40%의 사람들이 주일 예배 외에는 교회 모임에 출석하지 않는다고 응답했다. 30%는 특별예배나 예배이외의 모임에 참석한다고 응답했다. 약 30%의 핵심 그룹은 매주일마다 10시간 가까이 교회에 나오고 있었다.

자신이 임원으로 섬기고 있는 기관의 수에 대해 물어 보았을 때, 51%는 섬기는 곳이 없었고, 33%는 한 두개가 있었고, 9%는 세 개 이상의 기관을 섬기고 있었다. 임원으로 섬기는 사람들은 보통 10년에서 20년이 된 성도들이었고, 20년 이상 된 성도로서 아직까지 적극적으로 섬기는 사람은 극소수였다.

성도들이 대길교회에 출석하는 주된 이유는 예배 때문이었다. 한국 교회에서 예배는 매우 중요한 일이다. 전도에 있어서도 예배는 중요한 몫을 감당하고 있다. 예배 때문에 참석한다고 대답한 사람들 이외의 대부분의 사람들은 인간관계와 지리적 이유로 출석한다고 대답했다. 목회 프로그램에 관련한 응답도 있었다. 이 경우에 새 신자들은 목회자나 교파에 대한 관심이 높았고 오래된 신자들은 인간관계와 전통적인 일들에 대한 관심이 높은 경향이었다. 또한 일반적으로 남자들은 교회에 출석하는 이유가 예배 때문이라고 대답한 반면 여성들은 교회의 위치 때문이라고 대답한 것은 흥미 있는 사실이었다.

조사결과를 분석해 본 결과 사람들을 대길교회로 나오게 하는 여러 가지 이유들이 있었다. 60%의 사람들은 대길교회에 출석하는 주된 이유로 대길교회 성도들과의 인간관계를 들었다. 20%의 사람들은 다른 교회에서 옮겨온 사람들이고, 나머지 20%의 사람들은 그들의 가족이 대길교회의 교인이기 때문에 나오게 된 사람들이었다.

교회 성장의 잠재력

대길교회 성도들은 교회집회의 참여도에 있어서 31%는 최근에 교회 활동이 증가했다고 말했고 17%는 감소하고 있다고 말했다. 그러나 나머지는 변화가 없다고 말했다. 그들의 최근 교회활동에 대한 자기 평가의 결과로부터 주목할 만한 것이 발견되었는데 그것은 여성들이 남성들보다 교회성장에 더 관심을 갖고 있다는 것이었다.

현 상황과 현재 목회자의 지도 아래에서 교회의 성장 가능성에 관해 질문했을 때 절반이 넘는 53%가 성장이 예상된다고 대답했다. 단지 3%만이 부정적 관점에서 대답했고 나머지 37%는 성장이 평균 수준일 것이라고 응답했다. 이 응답으로 몇 가지 사실을 발견할 수 있었는데 여성들이 남성들보다 긍정적이고, 50대 이상의 연령 그룹 중 45%의 사람들이 수동적이며, 30대 이하의 젊은 층의 62%가 더욱 긍정적이라는 것이다. 등록연도의 관점에서 보면 1년에서 5년이 된 사람들의 59%는 10년이 넘은 사람들보다 의견일치가 잘 되고 있다는 것을 보여주었다.

절반이 넘는 51%는 목사의 설교의 영향력에 만족하고 있지만 40%는 그저 그렇다고 느끼고 있었고, 10% 미만은 부정적으로 대답했다. 이 경우에 젊은 층과 새로운 그룹이 보다 긍정적인 대답을 했다. 30대 이상은 67%가 만족했으나, 50대 이상은 37%만이 만족했다.

주일학교의 응답을 분석해 보니 젊은 층은 58% 가량이 평범하거나 보통 수준이라고 보았고, 12%만이 특별하게 느끼고 있었다. 청소년들은 겨우 6%만이 특별하게 느끼고 있다고 대답했다. 이것은 문제가 있었다. 58%의 사람들은 주일학교 프로그램이 청소년용으로서 평범하거나 보통 수준이라고 대답했고, 23%의 사람들은 특별하다고 느꼈으며, 12%는 만족할 수 없다고 대답했다. 만족하지 못하는 사람들의 대부분은 주일학교를 잘 모르는 새 신자들이었다. 그리고 응답자들 중 청소년들은 낮은 만족도를 보였다. 이 두 질문에 대한 응답은 교회가 목회를 돕는 특별한 일들은 하지 않고 단지 일상적인 일들만 하고 있다는 느낌을 받게 해 주었다. 이것은 반드시 프로그램을 개선해야 하는 중요한 영역을 지적해 준 것이다.

　새 신자들과 방문자들에 대한 관심의 수준도 계속해서 같은 것을 지적해 주고 있었다. 교회에 오래 다닌 신자들이 새 신자에게 더 부정적이었다는 것은 놀라운 일이었다. 20%의 사람들은 새 신자들이나 방문자들에 대한 어떠한 관심도 불만스럽다고 대답했다. 거의 절반인 48%가 새 신자와 방문자에 대한 관심이 평균 정도라고 대답했다. 25%는 그것이 특별하다고 대답했고 20%는 만족하지 못한다고 대답했다.

　교인들은 교회에서 누가 의사결정을 하고 있다고 생각하는지 알아보기 위한 질문도 있었다. 25%는 목사가 교회 일을 결정한다고 대답했고, 12%가 넘는 사람들은 의사결정을 하는 소수의 성도들이 있다고 대답했다. 이것은 장로교단의 영향을 받았기 때문인 것 같다. 이러한 결과는 의사결정에 있어서 평신도의 참가가 부족하다는 것을 지적해 주고있는 사실이다. 이런 결과를 보고 대길교회는 성도들을 의사결정 과정에 더욱 많이 참여시키려고 노력하게 되었다.

　사람들은 교회의 우선 순위에 대해 강한 견해차를 보였다. 다섯 가지가 교회의 목적 혹은 우선 순위로 제시되었는데, 28%의 사람들은 교육을, 26%는 예배를, 24%는 전도를, 10%는 교제를, 9%는 필요에 따른 구제를 우선 순위에 두었다. 이것은 무엇이 중요한가에 대한 교회적인 합의가 되어 있지 않다는 것을 지적해 주고 있는 자료였다. 30대는 교육에 가장 관심이 많았으며 젊은이들은 기성세대보다 전도에 더욱 관심이 많았다.

대길교회는 주일 오전예배가 1,2,3부 예배로 나누어져 있다. 대부분의 사람들(81%)은 현재의 세 번 드리는 예배를 좋아했고 10%는 예배를 두 번만 드렸으면 좋겠다고 생각했다. 더 많은 예배를 원하는 사람은 단지 4%에 불과 했다. 그리고 대부분의 사람들은 전통적이고 현재와 같은 예배시간을 선호한다고 했다.

앞서 말한 바와 같이 대길교회는 매주일 오전 3부로 나누어진 예배 체계를 갖고 있다. 설문지는 주일 오전 11시 30분 예배와 오후 3시 예배 사이의 간격에 대해 질문했다. 절반이 넘는 56%는 그 시간이 좋다고 말했다. 오후예배를 더 당기자는 사람이 10%이었고, 늦추자는 사람은 17%이었다. 오후예배 스타일에 대해서 40%는 찬양예배를 좋아한다고 대답했다. 다른 응답들은 다음과 같이 다양한 선호도를 나타내었다. 전통적인 설교를 좋아하는 16%, 성경공부를 좋아하는 7%, 기도회를 좋아하는 6%, 교제 시간을 좋아하는 4%, 무 응답 3% 였다.

주일 밤에 있는 청년예배 시간 바로 앞에 있는 주일 오후 '경배와 찬양' 예배는 장로들과 젊은이들에 의해 논의된 적이 있는 문제였다. 대부분의 성도들은 현재의 시간과 체제에 동의하고 있다. 그러니 주일 저녁 예배를 전과 같이 하자는 것에는 의견이 나뉘었다. 24%는 그것을 반대했고, 23%는 찬성했다.

그리고 21세기 대길교회의 성장에 대한 질문이 있었다. 37%는 교회가 대교회 규모로(만 명 이상) 성장하기를 원했고 그렇게 되리라고 믿고 있었다. 13%는 배가(약 2000명)될 것이라 예상했고, 23%는 약 1500명 이상 성장하리라 예상했으며, 19%는 변화가 없으리라고 대답했다.

교회건물, 시설

성도들에게 교회의 가장 긴급한 두 가지 일을 선택하게 했다. 41%가 성경공부와 기도가 가장 긴급한 일이라고 대답했다. 시설 교체(35%)와 목사의 개인적 활동(34%)은 다음으로 긴급한 일이었다. 19%의 사람들은 강단설교와 교육을 강화시키는 것을 긴급한 일로 선택했다. 그 외에 외부적 활동을 선택한 사람이 15%이었고, 행정체제를 선택한 사람 14%이었다. 이것은 또한 무엇이 가장 긴급한지에 대해 아직 합의가 되어 있지 않다는 것을 지적해 주는 증거였다. 위에서 밝힌 바대로 세 가지 주요한 과제는 개인적 돌봄(심방과 상담), 시설교체, 성경공부와 기도이다. 이 결과는 목회자가 자신을 성경공부 그룹과 강단의 설교에 몰두하도록 도전해 주었다. 교회는 직원들을 격려하여 건물을 관리하도록 해야 하고, 평신도 지도자들이 새 건물 계획을 준비하도록 독려해야 했다.

어느 시설이 가장 긴급하게 필요한지에 대해 질문했을 때 선교센터가 제 1위를 차지했다. 화장실은 그 다음으로 긴급했다. 당시의 화장실은 매우 작고 불편했기 때문에 사람들의 주된 관심사가 되었다. 좁은 주차장과 계단도 다

음으로 관심 있는 시설이었다. 그 다음 항목들을 순서대로 나열하면 교육관, 식당, 도서창고와 도서실이었다. 사무실과 상담실에 대해서는 별 관심이 없었다(* 이러한 의견이 시설을 새로 하는데 영향을 준 것이 사실이다).

얼마나 빨리 이것들을 교체해야 하는지에 대하여 질문했다. 30%는 당장 바꿔야 한다고 했고, 50%는 5년 내에 시작해야 한다고 했으며, 6%는 10년 후에 시작

하는 것이 좋을 것이라고 대답했다. 회중의 대부분인 80%가 다음 5년 이내에 이 시설들을 교체하기를 원했다. 이것은 대길교회에 매우 중요하고 의미 있는 일이다(* 이것은 2000년 1월에 시작되었음).

목회자에게 우선되어야 하는 것에 대하여 사람들은 대체로 설교(38%)와 기도(36%)라고 생각했다. 질문의 정확한 내용은 '당신의 목사가 무엇을 하기를 원하는가'였다. 두 가지 큰 응답 외에 다른 것들로는 교육(9%), 심방(6%), 외부 활동(5%), 행정(2%), 선교사역(1%)이 있었다. 목사에 대한 그들의 기대는 매우 보수적이며 성경적이었다. 성도들이 담임목사의 도움이 없이도 할 수 있다고 생각하는 일들도 몇 가지 있었다.

현재 교회 활동에 관해 만족한다는 대답은 34%이었고, 52%는 보통이라고 생각했다. 단지 5%만 현재 교회 활동에 불만족스럽다고 대답했다. 성도들은 실제적인 불평도 없고 특별한 관심도 없기 때문에 약간 수동적이었다.

목회 리더십

조사의 한 부분은 목회 리더십에 대한 것이었다. 성도들의 생각을 알기 보기 위해 몇 가지 질문이 사용되었다. 첫째는 대길교회의 부교역자들에 대한 것이었다. 52%는 평균이라고 대답했고, 32%는 만족하다고 응답했으며, 5%만이 만족하지 않는다고 대답다.

많은 질문에서 이와 동일한 비율을 나타냈다. 이것은 성도들이 일반적으로 만족하고 있다는 것을 보여주는 것이다. 다른 교회의 교역자들이나 선임교역자들과 비교해 볼 때 이것은 특이한 결과라고 할 수 있다. 대길교회 성도들과 교역자들은 자신들의 팀웍을 자랑스럽게 생각하고 있다. 왜냐하면 성도들이 교역자들을 존경하고 있기 때문이다. 목회자는 앞서서 잠재력 있는 지도자들을 발굴하고 평신도 지도자들을 격려해야 할 필요가 있다.

다음 질문은 오직 부교역자들에게 만족하는 사람들만 대답하도록 한 질문이었다. 응답자의 48%가 그들이 만족을 하는 가장 큰 이유로 설교를 제시했다. 그들의 설교가 좋은 평가를 받은 것은 매우 고무적인 일이었다. 왜냐하면 설교는 목사에게 결정적인 요소가 될 수 있었기 때문이다. 다음으로 좋은 점은 친절과 성실로 대표되는 그들의 성격이었고 이것을 선택한 사람의 비율은 11%이었다. 심방, 교육, 하나님을 경외하는 일은 6%이었고, 1%가 행정업무였다. 이렇게 심방과 교육과 행정의 점수가 낮은 것은 심각한 일이다. 왜냐하면 이 일들이 그들의 임무로 주어졌기 때문이다.

불만족스러운 사람을 위한 질문도 있었다. 이 질문에 대하여 그들이 제시한 이유도 몇 가지가 있었으나 놀라운 것은 무 응답자가 55%

나 될 정도로 많았다는 것이다. 그것은 대길교회 성도들이 평상시에 지도자에게 그들의 불만족을 표현하지 않는다는 것을 의미한다. 11%의 사람들은 불만이 심방에 있었고, 7%는 교육에, 10%는 행정에 있었다.

대길교회 성도들이 교회의 장로들에게 얼마나 만족하는지 물어 본 질문에 대한 응답은 다음과 같다. 15%는 만족하다는 대답을 했는데, 이것은 곧 장로들을 특별한 존재로 생각한다는 것을 의미했으며, 10%는 불만족스러워 했다. 59%는 평범하며 보통 수준이라고 생각했고, 16%는 응답하지 않았다. 만족의 이유는 30%가 신앙, 12%가 행정, 11%가 인격이었다. 그리고 47%는 무 응답이었다. 이것은 장로에 대해 만족하는 이유가 분명하지 않다는 것을 보여준다. 나이에 따라 신앙을 과대 평가하는 것은 보수적인 한국인의 사고 방식으로부터 나온 것이라고 평가된다.

교회 갈등

하나님께 가장 감사한 것이 무엇인지에 대한 질문을 했을 때, 성도들은 다음과 같이 다양한 응답을 제시했다. 22%는 자녀와 가정의 행복, 16%는 영적 체험, 18%는 교회 봉사, 9%가 전도, 5%는 행사, 3%는 건물, 1%는 직분을 받은 일이라고 말했다. 23%는 무 응답이었다.

과거에 가장 문제된 것이 무엇인가에 대한 질문에서 성도들은 가장 높은 비율의 31%가 무 응답으로 반응했다. 두 번째로 높은 것은 19%로 내적 분열이었다. 이것은 대길교회의 두 가지 중요한 주제와 관계 있는 갈등이었다. 다른 응답은 15%로 교회 안의 인간관계였다. 9%는 전도행사였고, 5%는 헌금이었으며, 3%는 교회 건축이었다. '총동원 전도 주일 행사는 매년 그들에게 무거운 짐이 될 수 있었다.

성도들에게 몇 가지 선택사항을 주고 가장 중요한 세 가지 직분을 순서대로 고르게 했다. 결과는 51%의 사람들이 목회자가 가장 존귀한 직책이라고 말했고, 모든 것이 목회자 한사람에게 집중되게 하는 요소가 될 수 있다는 것을 보여 준다. 4%는 부목사와 전도사라고 답했으며, 장로와 성가대라고 말한 자도 같은 비율이었다. 2%는 안수집사와 평신도 지도자라고 대답했고, 단지 1%는 여집사와 구역장이라고 대답했다. 이러한 결과는 교회 안에 많은 지위와 활동이 있지만 존경받는 사람은 목사 외에는 거의 없다는 것을 나타내 주는 것이기 때문에 우려할만한 일이라고 보여진다.

이 조사서는 또한 성도들이 대길교회의 지역사회에 대한 봉사에 관하여 어떻게 생각하는 지를 물었다. 이 질문에 대하여 보통이라고 응답한 자는 54%, 이 사역을 높이 평가한 사람은 11%, 낮게 평가한 사람은 19%이었다. 또한 응답하지 않은 사람은 15%이있다. 그 동안 대길교회가 비록 사회봉사를 위해 많은 노력을 하고, 명절 때마다 연약하고 홀로된 이들을 도우며, 장학금도 지급해 왔지만, 이 결과는 사회복지를 위한 활동과 투자가 필요하다는 메시지를 대길교회에게 강하게 전해 주었다.

지역주의는 한국의 심각한 정치적 문제가 되어 왔다. 주지하다시피 지역주의는 1971년 대통령선거 때 한국전역으로 퍼지게 되었었다. 목회자인 필자 자신에게 있어서도 이것이 교회 내에서도 심각한 문제라고 생각했다. 이 조사에서는 15%가 그것이 심각하다고 말했고 12%가 심각하지 않다고 말한 것으로 나타났다. 성도의 절반이 넘는 55%는 보통이라고 대답했다. 선거 기간 동안 교회 내에서도 성도들간에 지역적인 갈등이 드러나기는 했지만, 이 비율을 볼 때 교회에서의 지역적 갈등은 비교적 심각하지 않다는 것을 알 수 있다.

2) 지역주민들의 대길교회에 대한 시각

지역주민에 대한 조사를 실시한 결과는 다음과 같았다. 일단 일반적인 결과로서 응답한 사람들의 연령은 매우 다양했다. 27%는 20대, 14%는 30대, 8%는 40대, 19%는 50대, 38%는 60대 이상이었다. 가장 큰 연령그룹은 20대와 60대 이상이었는데 이유는 조사를 실시하는 시간이 근무 시간이며, 직장 없는 이들이 집에 있는 낮 시간이었기 때문이었다.

이 조사는 한국사람들이 불교를 민족 종교로 믿고 있다는 것을 보여주었다. 그리고 조사에 참여한 자들의 38%가 불교신자였다. 무종교라고 답한 사람은 32%이었으며, 이들 중에는 유교를 믿으려고 하는 사람도 많이 있었다. 기독교 신자는 22%, 로마 카톨릭이 8%이었다. 그 외의 다른 종교를 가지고 있다고 답한 사람은 5%이었다. 이 조사는 지역사회 대부분이 구원을 받지 못했다는 것을 보여주었다.

그들에게 주거형태를 물어 보았다. 59%는 자택이었고, 27%는 전세였으며, 3%는 월세였다. 이 비율은 서울시 전체의 비율과 비교할 때 평균적이다.

그들의 경제적 수준을 알아보기 위해 승용차의 소유에 관하여 물었다. 54%는 차가 없었고, 나머지는 한 대의 차가 있다고 답했다. 이것 역시 서울의 평균 수준이었다. 교회가 이웃에 사는 주민들을 위하여 넓은 주차장을 마련하고 개방해야 한다는 것을 보여 주는 것이다.

교회에 대한 의견

교회에 대한 그들의 일반적인 견해를 묻는 질문을 해 보았다. 57%

는 옛날에 다른 교회에 다녔다고 했고, 32%는 최근 몇 번 다른 교회에 갔었다고 답했다. 복음을 한 번 이상 들었다고 대답한 사람이 거의 90%이었고, 16%는 다른 교회에 출석해 보지 못했다고 대답했다. 이 응답들은 대길교회로 하여금 복음을 들어보지 못했지만 대길교회에 오지 못한 이들에게 조심스럽게 접근할 필요가 있다는 것을 가르쳐 주었다.

교회에 대한 그들의 일반적인 느낌에 대해서 물어 보았다. 76%는 교회에 좋은 느낌을 가지고 있었고, 나쁜 느낌을 갖고 있는 사람은 없었다. 그러나 아무런 느낌이 없다고 대답한 사람은 27%이었다. 대부분의 성도들은 기독교와 교회에 대해서 긍정적이었으나 30%의 사람들은 여전히 소극적이었다.

질문 중 하나는 응답자들에게 대길교회에 대한 그들의 의견을 쓰게 하는 것이었다. 아무런 예문도 제시되지 않았다. 그들의 의견을 쓰도록 되어 있는 질문이었기 때문에 대답이 아주 다양했다. 대답들은 쉽게 긍정적인 그룹과 부정적인 그룹으로 나눌 수 있었다. 자녀교육, 인간관계, 교육의 가능성, 그리고 사회적 봉사는 긍정적인 그룹에 속하는 대답들이었다. 그러나 어떤 사람들은 부자와 가난한 자들의 차별감, 새벽기도회의 시끄러운 소리, 너무 강압적인 전도, 설교의 지루함, 하나님을 믿지 않는 사람들에 대한 무관심 등의 부정적인 대답을 했다.

대길교회에 대한 의견

지역사회 응답자들은 거의 80%가 대길교회에 출석해 보았다. 46%는 최근에, 32%는 오래 전에 온 적이 있었다. 최근 출석해 본 사람들의 숫자가 많은 것은 그 해에 실시한 '총동원 주일' 때문이었다. 27%는 대길교회에 와 본 적이 없었다. 이것은 대길교회가 그들에게 복음을 가지고 접근해야 한다는 것을 의미하는 것이다. 70%는 처음 교회에 출석하던 날에 대길교회에서 좋은 인상을 받았다고 답했다(특히 그들에게 좋은 선물을 주면서 맞아 주어서 전체적으로 좋은 인상을 받았다고 말했다). 대길교회에 처음 왔을 때 좋은 인상을 받지 못했다는 사람은 5%이었다.

질문 중 하나는 그들의 느낌에 대한 이유를 구체적으로 쓰게 하는 것이었다. 대답은 긍정적인 의견과 부정적인 의견 두 가지로 나뉘었다. 무료주차장, 자녀교육, 친근한 목회자, 좋은 교인들, 친절한 교역자, 영적인 섬김, 전도와 선교와 같은 것들이 성도들에게 긍정적인 느낌을 갖게 한 요인들이었고, 지루한 설교, 나쁜 음향 시스템, 설교시간에 정치를 논하는 일 등이 부정적인 느낌을 갖게 한 요인들이었다.

또한 그들 중 90% 이상의 사람들이 교회의 초청을 받았거나 교회에 가도록 권고를 받아 보았다. 49%는 자주, 27%는 때때로, 16%는 한 두 번, 8%는 전혀 초대받지 못했다. 대길교회는 아직 한 번도 교회에 나오지 못한 이들에게 접근해서 전도할 책임이 있으며, 그들을 불편하게 하는 것이 무엇인지도 찾아내야 한다. 주차장 때문에 만족할 수 없었다고 대답한 사람은 27%이었다. 이것은 교회나 개인의 문제일 뿐 아니라 사회적인 문제이기도 하다. 이제 교회는 그 점을 인식해야할 필요가 있었다. 그들 중의 72%는 대길교회 교역자들 외에는 주차장을 이용할 수 없기 때문에 대길교회 주차장을 이용해 본 적이 없으며, 만일 교회에 더 넓은 주자창이 생긴다면 그들은 기꺼이 그 주차장을 이용할 것이라고 대답했다. 비록 35%의 사람들은 주차장이나 대길교회의 소음에 대해 불만을 갖고 있었으나 전혀 부정적인 진술을 하지 않는 41%의 사람들도 있었다. 대길교회는 그들이 진술하지 않은 불만이 미묘한 경제적인 문제들일 거라고 생각했다

대길교회가 지역사회를 위해 해야 할 일에 대하여 물어 보았다. 이것은 예문 없이 자유롭게 대답하는 형식으로 된 문항이었다. 사회적이고 문화적인 도움을 위한 교회 시설에 대한 제안은 많았다. 그러나 또한 부정적인 제안도 있었다. 지역 주민들은 아이들의 우는소리가 나지 않게 하고 더 조용한 예배를 드리도록 요구했다. 대길교회가 복음을 가로막는 장벽을 무너뜨리기 위해서는 그 의견을 듣는 것이 좋을 것으로 판단되었음은 당연하다.

대길교회 성도들에 대한 의견

비 그리스도인들을 교회로 인도하는 좋은 방법 중에 하나는 그리스도인으로서의 남다른 면을 보여주는 것이다. 응답자 중 대부분인 79%는 본 교회의 성도들을 잘 아는 사람이었다. 62%는 대길교회 성도들의 말이 신뢰가 되었기 때문에 교회 성도들에 대한 좋은 인상을 갖고 있다고 말했다. 59%는 대길교회 성도들의 생활양식과 교회활동에 대한 열의가 그들에게 좋은 인상을 주었다고 말했다. 또한 어린이 교육이 좋은 인상을 주었다고 말한 사람들도 있었다(44%). 반면에 13%는 성도들의 나쁜 가정 생활 때문에 좋지 못한 인상을 받았다고 말했다. 또한 어린이 교육 문제도 같은 비율로 나쁜 인상을 주었다고 대답했다. 어떤 이들은 성도들의 말을 신뢰하지 않는다고 말했고, 그들의 이웃으로부터 대길교회 교인들에 대한 나쁜 이야기를 자주 듣는다고 말했다. 지역주민의 4분의 1은 대길교회 교인들이 믿는 사람임에도 불구하고 도덕성이 낮다고 보고 있었다.

주민들의 대부분은 대길교회 교인들을 긍정적으로 평가하지만, 그들의 도덕적 태도 때문에 교인들을 비판하는 사람들도 있었다. 그러므로 대길교회는 지역사회가 바라보는 시각이 교회 성도들의 시각과는 전혀 다르고 객관적이라는 것을 인식해야할 필요가 있었다.

3) 노회원들의 시각

대길교회는 또한 노회에 속한 목회자들과 장로들을 상대로 몇 가지 조사를 실시했다. 그들 중 절반은 50대이고, 그 중 30%는 40대였다. 나머지는 30대와 60대 이상 되는 사람들이었다. 대부분의 응답자들은 담임목사나 장로들이었으나 그 중 한 사람은 부목사였다. 이 조사는 응답자들이 기대만큼 많지 않았지만 나름대로 권위와 공평성, 정확성을 제공해 주었다.

교회 성장에 대한 일반적인 의견

첫 번째 질문은 그들의 교회가 어디에 초점을 맞추었느냐 하는 것이었다. 8퍼센트는 수적 성장에 초점을 맞추었고, 24퍼센트는 질적 성장에 맞추었다고 대답했다. 그리고, 수적 성장과 질적 성장 둘 다라고 대답한 사람은 절반이 넘었다. 한 사람은 특별한 초점이 없다고 말했다. 수적 성장에 초점을 맞춘 사람이 8퍼센트로 비율이 적은 것은 한국 사람들에게는 양보다는 질을 생각하는 습성이 있기 때문으로 보인다. 그러나 90퍼센트가 넘는 사람들은 질과 양 둘 다에서의 교회 성장을 원하고 있다는 점이 중요하다고 보여진다.

수적 성장과 질적 성장이 교회의 주요 초점이었기 때문에 그들에게 그것을 수행하는 주요 수단이 무엇이냐고 물었다. 수적 성장이라고 대답한 사람들의 응답은 다음과 같았다. 38퍼센트는 이웃 전도, 16퍼센트는 사회적 봉사, 16퍼센트는 농어촌 선교, 22%는 해외 선교, 30%는 예배 출석이었다. 질적 성장이라고 대답한 사람들은 그들 중 절반이 설교가 주된 영역이라고 말했고, 1/4 가량은 성경공부와 제자훈련이 질적 성장의 주된 영역이라고 대답했다. 상술한 바와 같이 질과 양의 성장에 대해서 예배와 설교가 성경공부와 함께 높은 비율을 차지했다.

대길교회 성장에 대한 의견

조사서는 대길교회의 성장과 비전에 대한 그들의 의견을 물었다. 응답자들 중 41%는 10년이 넘게 대길교회를 알아 왔다고 말했으며, 20년이 넘게 대길교회를 안 사람도 38%나 되었다. 대길교회는 노회의 지도자들에게도 잘 알려져 있었다. 그리고 그들은 대길교회에 대해 분명한 의견을 가지고 있었다. 65%는 대길교회가 과거에 보수적이었다고 생각하고 있었다. 40%는 과거 목사와 장로 사이의 많은 갈등에 대한 이야기를 들어왔고, 24%는 전혀 듣지 못했다. 교회의 갈등과 부정적 이미지의 원인에 대해서는 43%가 장로에게 있다고 대답했으며, 단지 8%만이 그 주요 원인을 목회자와 교역자들에게서 찾았다.

많은 사람들이 대길교회가 전에 갈등과 문제를 가지고 있었지만 지금은 상당히 많이 바뀌었다는데 동의했다. 그들은 대길교회가 성장하고 있느냐 그렇지 않느냐에 대하여 의견이 나뉘어 졌는데, 35%는 대길교회가 성장하는 교회라고 말했고, 30%는 정체된 교회라고 말했다. 그러나 대길교회를 퇴보하는 교회라고 표현한 사람은 5%에 불과했다.

대길교회의 최근 이미지

그들 중 대부분(62%)은 대길교회의 최근의 내부적 활동이 긍정적 이미지를 만들어 주고 있다고 느꼈다. 또한 그들 중 46%는 대길교회의 최근의 지역 활동이 긍정적 이미지를 만들어 주고 있다고 생각했다. 그러나 그들 중 38%는 응답하지 않았다.

절반이 넘는 59%는 대길교회가 내부 시설을 확장하고 새 편의시설을 확충할 필요가 있다고 대답했고, 또한 80%는 대길교회의 주차장에 대해 불평했다. 주차장 문제는 한국에서는 언제 어디서나 심각한 문제이다. 대길교회의 시설과 주차장은 좋은 입지여건 때문에 공적으로는 물론 사적으로도 노회 회원들이 사용해 왔다. 그러나 그들 중 65%는 주차장을 넓히기를 원했고 그것은 대길교회가 완전히 새로운 교회 건물을 지을 때만 가능한 일이었다.

대길교회의 비전

이 질문에 대해서는 조사서가 그들에게 선택할 수 있는 여러 가지 다양한 항목들을 제시해 주고, 그들이 21세기가 도래하기 전에 대길교회가 어떤 일을 성취해야 하는지 선택하도록 했다. 그들이 선택한 중요한 사업은 새 교회 건물(38%)을 짓는 일과 젊은이들을 포함한 주일학교 교육(60%)이었다. 리더십 훈련, 지역사회 봉사, 구제와 장학금은 작은 비율로 선택되었다.

설문결과를 통한 종합평가

1) 교회내부에 대한 평가

대길교회는 다른 자립 교회들보다 나름대로 오랜 역사를 가지고 있다. 노회 내에 백년 가까이 되는 교회는 거의 없는 상황에서 대길교회는 노회에서 오래된 교회 중의 하나가 됐다. 지방 교회와 달리 서울 지역에서 45년의 역사를 가진 교회는 전통적인 교회임이 틀림없다.

대길교회 성도들의 특징

첫째로 그들은 보수적이다. 대길교회를 출석하는 주요 이유는 하나님을 예배하는 것과 다른 교인과의 관계 그리고 지정학적 위치였다. 목회 프로그램이나 비전 때문에 오는 사람은 거의 없었다. 한국 장로 교회는 처음부터 보수적이었다. 세계적으로 장로교단은 자유주의적인 방향으로 움직여 왔으나 한국 교회의 대부분은 이것을 거부하고 보수적으로 남아 있다. 이것이 교회 성장의 힘이었다. "만일 당신이 한국에서 교회를 성장시키고 싶다면 교회 입구에 "대한 예수교 장로회"라는 교단 간판을 걸고 당신의 교회가 보수적인 교회라는 것을 알려야 한다"는 말이 있다. 보수적으로 남아 있는 것이 교회성장을 위해서 항상 좋은 것은 아니다.

둘째로 그들 대부분은 중산층이다. 이것은 부하지도 가난하지도 않은 서울의 평균 수준의 서민이라는 말이다. 지난 10여년 동안 교인들의 생활수준은 사회적으로 상승되었다. 과거에 그들은 작은 집에 살았고, 교회 전체에 자가 승용차는 불과 10여대밖에 없었다. 그러나 오늘날 그들은 새 집, 새 차를 가지고 여름휴가를 즐기며 그들의 자녀를 대학에 보내고 있다. 비록 그들이 강남에 있는 상위 계층만큼 부유하지는 않지만 대부분은 그들의 의식주에 대해서 더 이상 염려하지 않는 상황이 되었다.

셋째로 여성들이 남성들보다 활동적이다. 세 개의 중요한 활동 그룹인 30대와 40대 중년층과 새신자들은 여성들이 지배적이었다. 11개의 전도회는 성별과 나이에 따라 나뉘어 있는데 가장 열정적인 그룹은 여성들이고 가장 열정이 낮은 그룹은 남자들이었다. 비록 여자들이 중요한 정책을 결정하는데 참여할 수 없고 공적으로 강단에서 설교를 하지는 못하더라도, 그들은 헌신되었고 보이지 않는 역할에 자부심을 가지고 있다. 한국에 신앙심 깊은 여성들의 기도와 헌신과 순종이 있는 한 한국 교회 성장의 불꽃은 꺼지지 않을 것이다. 그들은 진실로 주 예수 앞에 선 또 다른 마리아와 마르다인 것이다.

넷째로 그들은 목회자의 리더십을 신뢰한다. 그들은 강단의 강한 영향력과 목사의 기도, 설교의 의무를 받아들이고 있었다. 동시에 그들은 전임 사역자들과 다른 직분의 지도자들을 존경하고 있었다. 비록 그들은 자신들이 선출한 장로들도 존경하지만 목회자에 대한 존경심은 그 차원이 달랐다. 이것은 교회성장을 위한 좋은 덕목일 뿐만 아니라 힘의 원천이 되었다. 때때로 목사는 인간적으로 실수할 수도 있다. 그러나 그들의 지원과 존경심이 바뀌지는 않았다. 그러나 평신도의 그런 존경심과 지원이 항상 달콤한 것만은 아니다. 그것들은 오히려 우리의 사역에서 더 매서운 규범이요 채찍이 될 수도 있기 때문이다.

대길교회의 가능성과 문제점은 무엇인가?

외형적으로 볼 때는 대길교회와 다른 교회의 차이를 발견하지 못했을 독자들은 통계자료가 보여주는 교인들의 교회성장의 비전을 보고 의아해 할 것이다. 교인들의 교회 활동에 대한 참여도는 점차 증가해 왔다. 지금은 성도의 70% 이상이 교회 활동에 참여하고 있다. 더욱이 대길교회의 성장에 대한 그들의 확신은 더욱 높아 그 비율이 90%에

이른다. 비록 교인들이 보수적이고 중산층이며, 남성들의 참여가 취약하고 수동적인 성도들이 있기는 하지만 대길교회는 대형교회로서의 미래를 준비하고 있다.

대길교회에는 문제들도 있다. 첫째로 주일 오전예배로부터 구역기도 모임에 이르기까지 남성들의 참여율이 저조한 것이 문제이다. 특별히 소위 '중요한 위치'(평신도지도자)라고 불리는 중년 남성들의 참여가 저조하다. 장로와 집사 중 일부는 수동적이고 심지어 교회 성장에 부정적이다. 그들은 무뚝뚝하고 자기 방어적이며, 때때로 목회자에 대해 공격적이다. 때때로 목회자는 그들의 곧은 목을 부드럽게 할 어떤 약이나 규칙이나 방법이 있을까 찾기도 하지만 오직 성령의 신비한 사역만이 조화롭고 균형 있게 그 일을 할 수 있을 것이다. 목회자가 그들을 교회 성장에 연계시키는 것은 큰 숙제이다. 그것은 목회자의 '확실한 리더십'을 요구한다.

두 번째 문제는 어린이와 주일학교를 위한 프로그램과 투자가 없다는 것이다. 비록 대길교회가 여러 번 프로그램 개선을 위해 노력을 하기는 했지만 세대 차를 극복할 수는 없었다. 새로운 프로그램과 투자는 자주 보수적인 목표 때문에 벽에 부딪히곤 했다. 교회 내에 눈에 보이지 않는 긴장과 갈등과 배타성이 있는 것이 사실이다.

2) 지역사회로부터의 평가

설문조사를 통해서 느낀 것은 지역사회에 대한 조사가 무엇보다 중요하다는 사실이었다. 대길교회는 서울 중심부의 여의도 교를 가로지르는 영등포구 신길동의 중심에 위치한다. 몇 년 전에는 공군본부와 해군본부 그리고 국가 정보 기관의 주요 건물들이 교회에서 2km의 거리 안에 있었다. 그래서 교회주변지역에 군인 가족들이 상당수가 살았다. 그러나, 군부대가 이사가고 대신에 큰 아파트 단지가 그곳에 들어서게 되었다. 아파트가 들어서자 자연스럽게 다른 교회에서 온 성도들과 이웃들이 많이 생기게 되었다. 이 지정학적 위치는 대길교회의 교회 성장에 큰 도움이 되었다.

지정학적 이점 외에도 대길교회는 지역사회에 평판이 좋다. 서울에 있는 대부분의 교회들이 꼭 그런 것은 아니지만 지역사회와 좋은 관계를 맺지 못하고 있는 점이 있다. 그래서 새 교회 건물을 건축하려 하면 지역 사회의 반대시위나 거부 때문에 어려움을 겪게 된다. 그러나 대길교회는 지역사회가 기꺼이 도우려 하는 좋은 관계를 유지하고 있다. 대길교회는 이러한 좋은 관계를 유지하기 위해 계속 노력해야할 필요가 있다고 본다.

지역사회와 좋은 관계를 유지하기 위해서 대길교회는 우리의 지역사회의 요구나 불만이 무엇인지 잘 알아야만 했다. 조사를 통해 지역주민들이 교회의 소음과 주차장에 대해 불만을 갖고 있는 것으로 나타났다.

이것을 해결하기 위해서는 새 건물과 더 넓은 공간이 필요하다는 인식을 가지게 되었다. 대길교회는 매일 새벽과 매주 금요일 밤에 기도 모임을 갖는다. 이 기도 모임은 영적 부흥 및 개인 성장과 더불어 교회 성장을 위한 중요한 본질이다. 따라서 새 교회 건물을 건축할 때는 반드시 방음장치가 된 기도실을 만들어야 할 것으로 보인다. 그리고 조사 결과 더 넓은 주차공간도 제공해야할 필요가 생겼다. 사회 복지와 예배를 위한 시설, 젊은이들을 위한 문화 공간, 탁아시설 등을 공급하는 일은 대길교회가 해야 할 큰 사업으로 대두되었는데 이 모든 문제가 리노베이션의 과정 속에서 하나씩 하나씩 해결되어 가고있고 이미 어떤 부분은 해결된 상황이다.

3) 노회로 부터의 평가

한국 교회의 교인 수는 현재 전체 인구의 4분의 1인 천만 명을 넘는 상황이다. 그 중 4분의 3은 장로교인이다. 장로교 교단은 전통을 중요시하는 가장 큰 교단이다. 대한 예수교 장로회 총회 내에는 2001년 현재 약 6천 7백 9십 5개의 교회(*기독신문 2001년 9월 19일자 참조)가

소속되어 있다. 총회 산하에는 86개 노회가 연합되어 있는데 그 중에 하나가 남서울 노회이다. 남서울은 서울의 남쪽을 의미한다. 이 곳은 잘 개발되어 있으며, 부유하고 교육수준이 높은 지역이 있는 반면에 서민층들의 지역도 편재해 있다.

남서울 노회에는 86개의 교회가 있는데 설문지에 응답한 사람들은 각 교회에서 온 목회자와 장로 대표들이다. 그들은 유능한 교회 지도자이거나 평신도 지도자들이다. 따라서 설문에 응답한 수는 적지만 그들의 의견은 대단히 중요하다. 노회원 중 몇 사람은 대길교회를 초창기부터 알고 있었고, 대길교회의 과거에 있었던 갈등을 알고 있다. 그들은 또한 대길교회의 현재 변화와 해외 활동들에 관하여 알고 있으며, 그들은 교회 성장의 가능성과 비전을 주시하고 있다고 평가된다.

대길교회의 이미지는 과거 보수적이고 침체하는 교회와 다투는 교회로부터 보다 진보적이고 열린 교회의 이미지로 변해 왔다. 그들 중 47퍼센트는 10년 전에 있었던 목사와 장로 사이의 갈등을 알고 있었다. 그들은 교회가 성장하지 못한 것은 장로들 때문이라고 생각했다. 지금은 대길교회와 장로들에 대한 이미지가 보다 긍정적인 이미지로 바뀌었다. 그들은 또한 설교의 감화력과 대길교회의 노회 활동을 높이 평가했다. 그들은 대길교회의 성장을 긍정적으로 예측했다.

몇몇 기관과 위원회가 대길교회의 건물과 시설을 사용하고 있기 때문에 그들은 교회 시설에 대하여 불만을 표명했다. 그들은 교회 건물과 시설의 두 부분을 지적했다. 하나는 내부적 시설, 예컨대 본당과 주일학교 교사 훈련을 위한 교육관이고, 다른 하나는 외부 주차장이다. 그들은 주차장 문제를 교회 건물 문제보다 중요하다고 생각했고, 우려의 정도도 대길교회 교인들보다 심각했다. 그들은 왜 대길교회가 건물을 새로 짓지 않는지 이해하지 못하고 있다. 대길교회는 노회에서 크고 지도적인 교회이기 때문이다. 그들은 우리가 교회를 건축할 재정적 힘이 있다고 생각하고 있는 상황이다.

4) 출석통계로 본 평가

교회성장이 모든 것은 아니지만 도표나 통계로 읽을 수 있는 것이 있다. 필자가 1989년 여름에 대길장로교회에 부임했을 때 출석인원은 650명이었다. 대길교회의 출석인원은 그 해 연말에 1000명 선을 육박하였다. 그 때가 수적으로나 재정적으로 가장 성장하던 시기였다.

대길교회는 여러 해 동안 교육과 전도와 선교에 힘을 쏟아 부어야 했다. 주일 오전예배의 출석인원에 여러 번 변화가 있었다. 출석 통계표는 주일 오전예배의 평균 출석인원이 950명이며 변동 범위가 10%라는 것을 보여주고 있다. 대길교회와 노회의 조사에서 사람들은 일반적으로 대길교회가 성장했다고 생각하고 있었다. 필자는 그 성장에 만족하지 않고 그 이유가 무엇인지 연구했다. 처음에는 교회성장의 열쇠를 찾는 중에 교회성장의 방법론에 의존했다. 그러나 그것은 열쇠가 아니었다. 열쇠는 지도자 자신이었고 교회 안에 있었다.

　지도자는 자기 자신과 맡겨진 양들과 그의 주변상황을 잘 알아야 한다. 필자는 교회성장 이외에는 아무 것도 알지 못했다. 어떤 사람들은 대길교회가 일종의 침체에 빠져 있다고 말할 것이다. 그러나 그렇게 간단하게 평가할 일이 아니며 그것이 끝이 아니다. 더욱이 숫적 성장에 연연하기 보다 교회의 질적인 성장과 역량을 재고해 보아야 할 것이다. 지도자가 그의 교회와 그의 주변환경의 현실을 인식하게 된다면 사업 기획을 준비하고 교회성장의 장애물을 극복할 수 있을 것이다. 그리고 교회는 영적인 투자를 게을리하지 말고 더욱 기도에 힘써야 할 것이다.

중요 집약점

대길교회, 지역사회, 노회 조사의 공통 분모는 무엇인가?
　대길교회와 지역사회, 그리고 노회를 대상으로 한 조사 분석은 크게 네 가지로 집약된다.

　1. 대길교회의 과거 이미지는 교회 갈등 때문에 부정적이었다. 교회의 갈등은 다른 교회의 지도자들에게 민감하게 받아들여지는 일이기 때문이다. 이러한 갈등에도 불구하고 대길교회는 평균 성장을 유지했고 몇 가지 위기를 넘어 한 몸으로서의 공동체를 지켰다. 만일 교회에 갈등이 전혀 없었더라면 대길교회는 어떻게 되었을까?

　2. 몇 가지 문제에도 불구하고 현 상황은 대길교회와 지역사회, 노회 지도자에게 만족스럽다. 그들 대부분은 대길교회의 미래를 성장하고 선교하는 정신을 가진 교회가 될 것으로 전망했다. 대길교회는 분명히 어둡고 무거운 교회 갈등의 터널을 지나서 교회 성장의 밝고 긍정적인 영역으로 나오게 될 것이다.

　3. 대길교회가 직면하고 있는 두 가지 과제가 있다. 하나는 5년 내에 교회 건물을 교체하는 것이다. 둘째는 구조적인 리더십의 교체이다. 첫

과제는 청사진, 재정 점검, 건축 허가가 요구된다. 그것은 후자보다는 쉬운 일일 것이다. 대길교회에 적합한 리더십은 무엇인가? 그것은 각 세대, 지도자, 평신도 사이의 원만한 대화 유도, 영성 있는 기도회의 인도, 목적을 향한 확신과 같은 조화와 균형을 요구한다.

4. 이 시점에서 우선적으로 필요한 것은 일련의 건물을 건축하는 것도 아니고 강력한 지도력을 구축하는 것도 아니다. 먼저 대길교회와 지역사회와 다른 교회들에게 이상적인 모형을 제시해 주는 것이어야 한다. 그것은 성경적인 적용과 실제적인 효율성과 미래지향적인 관심사들(세속적인 것과 영적인 것 모두 포함)을 의미한다.

제 4 장 / 결코 잊을 수 없는 IMF와 그 여파

제4장 결코 잊을 수 없는 IMF와 그 여파

한국인들은 1997년 재정경제부 부총리가 '정부는 IMF로부터 구제기금을 요청해야만 했다' 는 사실을 공포한 11월 27일 밤을 잊지 못한다. 그때까지 대부분의 한국인들은 IMF가 무엇이며, 왜 IMF에서 돈을 빌려야 하는지 몰랐다. 화폐교환 가치와 함께 GNP가 60% 가까이 떨어지는 것을 보는 것은 놀랍고도 치욕스런 일이었다.[1] IMF는 1997년 11월 이후 한국인에게 놀라운 사건이었고, 핵심적인 말이었다. 그것은 공적으로나 사적으로 모든 변화에 대한 응답일 뿐만 아니라 모일 때마다 화두에 올랐다. IMF는 한국의 전 경제뿐 아니라 한국의 보이는 것과 보이지 않는 모든 것들을 지배하였다. 한국인들은 이 말에 유감스러워 했고 때로는 분노했다. 그러나 지금은 IMF의 영향을 설명해야 할 때이다.[2]

사회적으로 달라진 모습들

IMF의 구제금융 사태이후 사람들의 동질의식이 변화되었다. 한국인들은 보통 그들의 직업이 신성한 것이라고 생각했다. 이러한 생각은 유교와 농경사회로부터 나온 것이다. 그들은 능력과 인재보다는 인간관계와 경력에 의존했다. 그들은 자신들의 직업을 위해서라면 사생활과 가정도 희생할 것이다. 그러나 사람들은 그것을 가치 있는 일이라고 생각하였던 것이다. 한국 경제 위기에 의해 수많은 실직자와 거리를 배회하는 무주택자가 생겼다(* 당시 실직자의 수가 200만 명이었음). 그들 중 대부분은 가정의 남편과 아버지였다. 가정은 더 이상 일과 후에 돌아가는 장소가 아니었다. 그들은 비로소 가정 만한 곳이 없다는 것과, 가정이 편안한 창업터(* SOHO- Small Office Home Office)가 될 수 있다는 것을 알게 되었다.

두 번째 변화는 도피경향이었다. 매일의 삶으로부터 그들은 자주 피곤과 스트레스를 느낀다. 사람들은 종교를 찾았고 고향으로 돌아가거나 심지어 이민을 가기도 했다. 기독교 외에도 그들은 잘못된 종교, 점쟁이, 심지어 미스터리 책들을 찾기까지 하였다. 실제로 IMF 동안 교회가 소폭으로 성장을 하기는 했지만, 반면에 헌금은 평균 40%나 감소하였다. 높은 사회적 스트레스 때문에 여러 가지 문제, 특별히 젊은 세대에 대한 문제들이 증가했다.

세 번째 변화는 경제에 합리적 사고가 도입되었다는 것이다. IMF 폭풍에 직면하여 오직 하나의 경제원칙만 있었다. 아시아인의 독특한 가치와 같은 덕목을 받아들일 수 있는 여지가 없었다. 사람들은 사치스런 백화점에서 충동구매하지 않고 신용카드나 감액쿠폰이나 마일리지를 이용해 구매하게 되었다.

네 번째 변화는 잃어버렸던 정체성의 회복이었다. 한국인들은 이 슬로건-"다다익선과 빨리빨리"에 따라 행동하곤 했다. IMF에 의해 모든 것은 정지되거나 연기되었고, 그때 그들은 뒤를 돌아보고 무엇인가가 빠졌다는 것을 느끼게 되었다. 그들은 오래되고 다소 보수적인 그들 자신의 문화를 좋아하게 되었다. 그들은 좋아하는 전통음식으로 보리밥과 수제비를 고르게 되었다.

다섯 번째 변화는 중산층의 붕괴이다. 한때는 스스로를 중산층이라 불렀던 자들이 자신을 저소득층이라고 생각하게 된 것은 심각한 일이다. 반면에 고소득자들은 그들의 기득권을 고수하고 여론을 의식하지 못하는 경향이 있었다. 부유한 사람 중 소수의 사람들은 투자에 의해 더 많은 돈을 모을 수 있었다. 높은 신분을 가진 사람들이 고상한 일을 해야한다는 것을 강조하게 된 것은 좋은 현상이다.

또 다른 변화는 복권, 경마, 그 밖의 도박 등을 통해 단번에 큰돈을 벌고자 하는 심리가 커졌다는 것이다. 물론 공평과 정의로 사회를 정화시키는 것과 같은 어느 정도의 긍정적인 변화도 있다.

동시에 사람들은 직업의 가치와 휴식의 즐거움을 깨달았다. 그들은 가정을 돌보기 위해 최선을 다하길 원했고 그 결과에 대해 감사하게 되었다. 소비자 협회 보고서에3) 의하면 IMF는 사교육비와 외식비와 뇌물을 감소시켰다(* 이것은 GNP의 6.5%에 달함. 이 수치는 미국이나 일본에 비하여 4.8배가 높은 수치임). 한국인에게는 고용 삭감을 요구하고 남의 이해 관계를 무시하는 것은 금기시 되는 일이었다. 그러나, IMF는 불가침의 금기를 깨뜨렸다. 심지어 한국정부는 IMF라는 이름으로 은행 체제, 재무구조 문제, 정치적 이슈 같은 오랫동안 별러 왔던 일들을 개혁했다. 이것들은 IMF신드롬에 의한 긍정적 변화이다. 슬픔을 당한 사람은 슬픔을 당한 사람과 함께 있을 때 가장 위로가 된다는 생각으로 다른 사람을 돕는 좋은 관습이 회복되었다. 심지어 어린 아이까지 그의 돌 반지를 국가 부채 체감을 위하여 어른들 틈에 줄을 서서 헌납하는 것을 보며 세계인들은 놀라워했다. 한국인의 애국심은 IMF라는 어두운 터널에도 불구하고 빛이 났다.

한국교회의 변화

많은 사람들이 IMF 외환위기의 원인이 무엇이었는가에 대하여 연구를 하고 있다. 한국 교회는 일반적으로 그 위기가 정치세력들과 경제

집단들 사이에 있는 자본주의의 병폐 때문에 오게 되었다고 보았다. 한국 사회 안에는 사치와 과소비가 만연하고 있었다. 한국교회가 이러한 위기에 도덕적으로 자유롭지 못하다는 것이 더욱 심각한 일이었다. 한국 교회는 세 가지 죄를 범했다. 1) 죄를 지적하고 회개를 촉구하는 설교를 하지 못했다. 2) 오히려 더러운 이익을 추구했다. 3) 국가적 죄의 해결을 위한 희생양이 되지 못했다.[4]

첫 번째 변화는 교회 예산에 있었다. 한국의 GNP가 외환 위기 이후 40% 감소되었기 때문에 거의 모든 교회가 예산을 20%이상 삭감해야만 하였다. 교회들은 서둘러 구조를 개혁하고 경비를 절감했다. 수입 규모는 1991년도 수준으로 되돌아 간 것이지만 상실감은 그 보다 훨씬 더 컸다.

일반적으로 고소득자로 구성된 교회들은 저소득층 교회보다 더욱 힘들었다. 한국 교회들은 놀라운 성장을 과시하였던 개발도상국인 조국의 깨어진 꿈을 보고 충격을 받았다. 그들은 그들의 현실이 경제적인 허상과 거품 위에 세워져 있었다는 것을 알게 되었다. 중산층의 붕괴는 한국 교회에 냉혹한 충격을 주었다. 소위 가난하거나 소외된 교회에서는 다른 현상이 있었다. 그런 교회들은 서로간의 사랑과 신뢰를 쌓게 되었다.

대길교회가 1997년과 1998년에 10% 감소된 수입으로 예산을 집행한 것은 다행이었다. 대길교회 성도들은 주로 봉급자나 상인이었다. 경제위기 하에서 사업가는 힘든 시련을 겪었고 자영업자나 상인은 겨우 유지할 수 있었다. 그런데 봉급자 그룹은 비교적 전보다 더 수입이 나아졌다. 교회의 수입으로 십일조 헌금에 의존하는 교회가 소수의 특별헌금에 의존하는 교회보다 훨씬 안정적이었다는 것은 흥미로운 사실이었다.

매월 선교헌금은 감소된 반면 구제헌금은 전보다 증가된 것은 신기한 일이었다. 누구라도 실업이나 무주택자가 될 수 있었기 때문에 그들은 멀리 있는 선교사나 다른 나라보다 주변에 있는 가난한 이웃사람들에게 동정심을 느끼게 되었다. 실제로 대부분의 선교사는 거의 40% 삭감된 지원을 받게 되었고, 선교사의 거의 절반이 선교후원이 회복되기를 기다리기 위해 귀국하는 심각한 양상이 벌어졌다.

성도들은 수적인 면이 아니라 질적인 면에서 미묘한 변화가 있었다. 그들은 형식적으로만 기도하고 섬기는 것이 아니라 마음에서 진심으로 우러나는 종교적 삶을 실천했다. 그들은 물질적인 것, 골프, 해외여행을 자랑하지 않았고, 외식까지도 숨기려 했다. 그들은 사치와 허영과 과소비를 부끄러워했다. 기도하는 자세와 열의가 순전해졌으며 그 기도가 경제적 문제나 타인의 고난을 위해 집중되었다.

가장 중요한 변화 중 하나는 목회자의 사고 방식과 목회 패턴의 변화일 것이다. IMF는 대부분의 한국교회 목회자들에게 그들의 과거를

반성하고 그들의 상황을 조사하여 그들의 불확실한 미래를 예측해 볼 수 있게 만들어 주었다. 그들이 도전 받고 스스로 새 시대에 맞게 변화되는 일이 가능하게 되었다. 이제 '변화' 라는 단어는 한국 교회의 핵심 단어이다. IMF시대이후 변화 없이는 개인이나 그룹이 존재할 수 없다는 인식이 보편화 되었다. 변화는 더 이상 수식어구가 아니라 새 시대에 살아 남을 수 있는 동기 유발이 된 것이다.

위기 안에 있는 또 다른 기회

위기에는 기회가 있다. 어느 개인이나 국가가 실제적인 지혜와 용기를 갖게 된다면 그는 고난이나 난관을 극복할 수 있다. 만약 한국교회 목사가 IMF의 위기를 기회로 이용한다면 또 다른 부흥을 맛보게 될 것이 분명하다. 어떤 점에서 IMF 관리체제가 전적으로 나쁘기만 한 것은 아니라고 평가할 수 있을 것 같다. 한국과 한국교회는 파괴된 경제 안에서 몇 가지 긍정적인 요소들을 찾아 낼 수 있었다. 다음에서 그 숨겨진 축복들을 소개하려 한다. 무엇보다도 그것은 거품이라 부르는 사치와 허영을 제거해 주었고 사람들로 하여금 단순하게 살게 해 주었다. 젊은 신혼부부들이 핵가족보다는 그들의 부모와 더불어 살아야 했다. 사람들은 가정과 인간관계의 가치를 깨달았다. 레저산업의 30-50%가

감소되었고 대부분의 남편들은 일찍 귀가하기 시작했다. IMF 이후 한 보고서는 과거에는 이혼하고 상처받은 가정이 21%나 된다고 보고했으나, 이제는 오히려 52%이상 되는 가정들이 다시 결합되고 화목하여 졌다고 보고하게 되었다. 사람들은 도덕적 가치를 알게 되었고 개인과 사회와 교회의 투명성을 강조하게 되었다.

다음으로 그들은 세상에는 믿을 것이 없다고 생각하게 되었다. 그들은 대기업과 은행과 심지어 국가재정이 도산하는 것을 보고 실망했다. 후회와 겸허함 뒤에 오는 자기 부인의 마음속에 무언가 담아야 할 공간이 남게 되었다. 한국은 이제부터 순수한 눈으로 자기 자신을 보지 않으면 안 되었다. 한국이 자기 자신의 문제와 IMF 후의 위기를 돌아보는 것은 스스로의 책임이다. 한국은 많은 분야, 특별히 복지분야에서 변화되어야 한다. 교회와 목회자는 전환점에 서게 되었다. 이 운동이 개혁이며 갱신이고 리노베이션이다.

변화에 대하여 반응하는 네 가지 종류의 자세가 있다. 첫째는 부정적 자세로서 어떠한 변화도 거부하는 것이다. 그러나, 이러한 자세는 도태를 낳는다. 둘째는 침묵을 지키면서 잠시 동안만 살아남는 수동적 타입이다. 셋째는 적응하는 자세이다. 이러한 사람은 자신을 어떤 변화에 적응시켜서 자기의 위치를 유지하고 싶어한다. 그러나 가장 좋은 타입은 기꺼이 적극적으로 어떠한 변화를 수용하려는 자세이다.[5] 그러한 사람은 자신의 삶의 승리자가 될 것이다. 목적보다는 불변하는 어떤 수

단을 붙들고 그것에 호소하는 것은 진정한 보수가 아니다.

IMF의 교훈

1. 하나가 잘 못 되면 몸과 같이 전체가 고통을 받는다.
2. 세상에 완전한 것이 없다. 언제나 세상을 주의 깊게 살펴 보라.
3. 변화하라 그렇지 않으면 도태하게 된다.
4. 생명력 있고 진실된 것이라면 작은 것이 아름답다.

주

1) 1996년 GNP 10,543 달러 시대에서 1998년에 6,000달러로 한국의 GNP가 40위의 사우디 아라비아와 아르헨티나 다음으로 추락함. 환율은 IMF 전에 890원이던 것이 1995원으로 떨어짐
2) 매일경제신문사. IMF: 한국이 바뀐다. 제4부 IMF를 해부한다. 참조
3) 1) Our Identity after IMF. 72쪽 참조
4) Jong Kook, Baek. The Moral Characteristics of Recent Foreign Currency and the Crisis of Korean Churches. The Magszine of Chruch Renewal Newsletter, Apr. 1999.
5) Monthly Pastoral Magazine, SEP 1995. Do you believe a fixed idea?

제 5 장 / 리노베이션의 키

제5장 리노베이션의 키

    대길교회 역사에는 두 가지의 큰 장벽이 있다. 하나는 내적 문제이고 다른 하나는 시대적 요청이다. 하나는 전통적인 현상유지를 요구하고 다른 하나는 계속적인 발전을 요구한다. 만약 목회자가 두 요소에 균형을 이루지 못하면 교회 갈등과 교회 성장 정체를 가져온다. 이런 문제를 피하기 위해 그 교회는 정직하게 정체성과 역사와 주변 환경을 포함한 현재의 상황들을 조사함으로서 새롭게 다시 시작해야 할 것이다. 다음으로 교회는 이 세대를 조사해야 한다. 한국교회는 두 가지 새로운 요구에 직면하고 있는데 하나는 IMF이후 나타난 충격이고, 다른 하나는 새로운 세기를 향한 기대감 충족이다.

    21세기에 들어선 지금 대길교회는 새로운 생존의 패러다임을 준비해야 한다. 대길교회의 변화는 불가피하다. 변화는 어떻게, 무엇을, 언제, 왜, 어디서, 일어나야 하느냐 하는 것이 중요하다. 이 책은 변화의 개념과 방법을 다룰 것이다. 물론 그것들은 전통의 유산과 관계된다. 이 연구는 성경 연구라기보다는 오히려 오늘날의 변화에 대한 개념의 연구이다. 변화는 수사학적 구호나 유행일 수도 있다. 그러나 대길교회는 이미 이 개념과 함께 행동함으로 새 천년을 시작하였다.

리노베이션

이 단어는 역사적으로 교회에 친숙하지 않은 단어 일 수도 있다. 흔히 교회는 개혁이란 말을 사용하고 있는데 이 말은 마틴 루터가 종교개혁을 일으켰던 1517년 이래로 개신교회의 화두가 되어 왔다(* 정성구. 21세기의 개혁 교회는 살아남을 것인가? 교회 총회에서 저자는 우리의 정체성을 나타내는 말로 복음주의나 개신교나 칼빈주의보다 이 단어, 개혁주의를 제안함). 한국 장로교단에서는 개혁을 반대하면 이단자로 몰리게 될 것이라는 말이 나올 정도이다. 그러나 남용되고 형식화된 개혁이라는 말은 상투적이고 진부한 단어가 되었다. 전혀 개혁적이지 않은 사람이 종교나 사회영역에서 개혁을 주장하고 실천한다는 것은 아이러니가 아닐 수 없다.

개혁은 부흥과는 다르다. 부흥은 "새롭게 조성됨"을 의미한다. 그러나 개혁은 보다 근본적이고 구조적인 단어이다. 개혁은 낡은 것을 제거하고 하나님의 말씀에 따라 바로잡는 것을 의미한다.[1] 물론 '낡은 것은 좋지 않다' 또는 '새로운 것이 더 좋다' 라는 말이 항상 진리는 아니다. "하나님의 말씀에 의해 개혁된 교회는 항상 개혁되어야 한다." 사람들은 종교개혁이 존 칼빈, 마틴 루터, 성 어거스틴, 그리고 거슬러 올라가 사도 바울에게서 유래했다고 한다.[2]

왜 개혁대신 리노베이션인가?

사람들은 자주 어떤 건물들을 파괴하는 경향이 있는데 그것은 건물이 너무 오래되어 사용할 수 없기 때문이 아니라 그 건물이 싫어졌기 때문이다. IMF를 겪은 한국인들은 건물을 파괴하는 것을 심사숙고해야 한다. 그들은 아마도 예전에 지은 건물을 계속 사용해야 할 것이다. 왜냐하면 옛 건물을 그대로 두는 것은 물질적인 이익뿐만 아니라 공동체에 기념이 되는 이점이 있기 때문이다. 그것을 파괴하는 것은 언제나 좋은 것은 아니다. 그것은 사치와 낭비일 수도 있다.

병원에서 몸을 치료함으로써 사람의 생명을 연장시킬 수 있듯이 건물의 수명도 대수리함으로 연장하여 사용할 수 있다. 건물을 재생하는 이러한 행위는 리노베이션이라 불린다. 이러한 리노베이션을 통해 건물들이 개조되고 공간이 환경을 보존하는 방향으로 새롭게 태어난다. 점진적으로 개발될지라도 마찬가지이다. 에드거 라이언(Edgar Lion)은 리노베이션을 현재의 건물이 더 이상 충분히 역할을 하지 못할 때 목적에 맞게 건물을 개발하는 행위라고 정의했다. 그는 리노베이션으로 건물의 수준을 높이고 실용적이 되게 하는 것이 재활용이라고 덧붙였다.[3] 웹스터 영어사전은 renovare에서 리노베이트(renovate)가 유래되었다는 것을 가르쳐 주고 있는데 그 말은 1) 새것처럼 만들기 위해, 2) 새롭게 하기 위해, 재활 또는 수선에 의해 좋은 상태로 회복시키기 위해" 다시 새롭게 만든다는 뜻이다.4) 리노베이션과 동일한 개념으로서 재활용(renewal), 재사용(reuse), 복구(restoration), 보존(conservation), 보호(preservation), 재건(reconstruction), 재구성(reconstitution), 재배치(relocation), 재발행(republication), 재구성(remodeling) 등이 있다. 리노베이션에도 여러 가지 유형이 있다.5) 기능적 가치를 추구하는 유형, 경제적 가치를 추구하는 유형, 미적인 가치를 추구하는 유형이 있다.

한국 건설의 역사는 예외 없이 개발이라는 미명 하에 자행된 파괴의 역사이다. 1950년 한국전쟁, 60,70년대의 경제개발운동, 그리고 80년대 200만 주택건설로 말미암은 신도시 개발 때문에 역사적인 건축물과 유서 깊은 장소에는 오직 파괴의 흔적만이 남았다. 한국에서는 이제 IMF를 맞고 나서야 마침내 옛 건물을 파괴하고 서구 형태의 건물을 짓는 것을 중단하였다. 그리고 마침내 옛 건물의 가치와 리노베이션을 고려하게 되었다. 리노베이션은 물질적 가치, 시대적 요구, 사회의 요청, 경제적 이득, 물리적이고 심리학적인 원인에 의해 필요해질 수 있다.6)

대길교회의 리노베이션

언덕 위에 대길교회 건물이 세워진 이래로 20년이 지났다. 오랫동안 그 건물은 재건축이나 대규모의 개발에 영향 받지 않은 채로 남아 있었다. 교회는 개발에 많이 투자하지 않았고 현재 상태와 그대로의 유지에 만족해 왔다. 교회 건물 출입구는 협소하고 높았으며 거칠어서 아이들, 노인들, 처음 오는 이들과 장애인들이 복도에 쉽게 도달할 수 없었다. 이것은 건물 문제나 시설 문제만이 아니라 인간관계와 목회 사역의 문제이기도 했다. 그러나 한 가지 다행한 것은 구조물 진단에서 튼튼하고, 건물 층 간의 고(高)가 높아 리노베이션하기에 적격이었다.

대길교회는 비교적 좋은 땅과 교회를 갖고 있고 매우 유용한 점들이 있는 반면에, 조사에 참가한 많은 사람들은 불편하고 실제적이지 못한 주차장과 화장실, 계단 등에 대하여 불만을 표현했다. 교회는 설교와 기도 이외의 어떤 것을 해야 한다. 개혁은 가시적인 것만은 아니나 리노베이션은 또한 가시적이어야 한다. "보이는 것은 아직 나타나지 않은 것으로부터 말미암았다."(히 11:3하)는 말씀은 진리이다. 성경에 의하면 "예수께서 그들의 믿음을 보셨다"(마 9:2,막2:5,눅5:20), 그리고 물으셨다. "그가 진실로 이 땅 위에 믿음을 보겠느냐"(눅18:8). 그의 제자들도 역시 도전했다. "나에게 행위 없는 당신의 믿음을 보이라 그러면 내가 행함으로서 나의 믿음을 당신에게 보여주겠다". 믿음을 보이는 것은 한국교회에 무엇보다도 필수불가결하고 본질적인 것이다.

'믿음을 보이라' 는 말은 대길교회 리노베이션에 관련된 핵심적인 말이다. 남은 것은 리노베이션을 어떻게 교회에 적용하느냐이다. 리노베이션의 또 다른 연결단어는 새로운 시대를 향한 "패러다임 쉬프트"인 것이다.

주

1) I. John Hessenlink, On Being Reformed, Distingtive Characteristics and Common Misunderstanding. 7쪽 참조
2) 정성구, 12-14쪽 참조
3) Edgar Lion, Building Renovation and Recycling 1-6쪽 참조
4) Websters New Twentieth Century Dictionary. Second Edition, 1979. Prentice Hall Press New York
5) 김진숙. 리노베이션의 계획과 방향 연구. 석사 학위 논문, 단국 대학교. 1992.
6) Barbaralee Diamostein, Buildings Reborn 13쪽 참조

패러다임 쉬프트

IMF신드롬과 새 천년 신드롬은 한국교회가 보다 긍정적이고 실제적으로 그들의 삶의 양식과 사고의 형태를 바꾸도록 독촉했다. 계속적으로 반복되며 보다 확신 있는 행동의 패턴이나 모델을 패러다임이라 한다. 교회는 어떤 패러다임을 따라가야 하는가? 패러다임 쉬프트를 설명하기 위하여 두 개의 어구가 있다. 그것은 아날로그와 디지털의 차이이다.

아날로그 대 디지털

아날로그와 디지털은 "연속" 또는 "불연속"의 개념과 관련된다. 아날로그는 그리스 단어 "analogia"에서 유래되었는데 영어단어와 유사하다. 그것은 속도, 전압, 저항, 혹은 회전같이 직접적으로 측정할 수 있는 데이터나 양으로 표현되는 수치를 나타낸다. 예를 들면 라디오의 채널 숫자, 전화 다이얼 판, 시계의 숫자 판과 바늘 등의 수를 가리키는 것이다. 아날로그 컴퓨터는 직접 측정가능한 양에 의해 표현된 수를 다룬다. 아날로그 데이터는 다양하고 복잡하다. 디지털은 단순하고 분명하다. 디지털은 연속적이지도 중립적이지도 않다. 디지털의 예는 전자

시계, 콤팩트디스크, 그리고 온-오프(on-off) 스위치 등의 액정에 표시된 수이다. 디지털 컴퓨터는 십진법, 이진법, 혹은 다른 체제 안에서 0-9로 표현된 수를 다루는 컴퓨터이다. 디지털은 0 혹은 1의 이진법 수 체제에 뿌리를 둔다.1)

디지털 패러다임 대 새 천년

새 천년의 변화의 규모는 5백년 전 노벨에 의한 다이너마이트 혁명과 비교되고 있다. 오늘날의 그것은 정보혁명이라 불리는데 디지털 공학 혁명으로도 번역된다. 디지털 기술은 새 천년의 강력한 엔진의 역할을 할 것이다. 일하는 양식은 육체적 노동에서 컴퓨터로 하는 정신노동으로 옮겨졌다. 시간과 공간의 벽을 부수는 인터넷의 세계가 있다. 누구든지 홈페이지로 가족이 될 수 있고, 다른 많은 사람들과 교류할 수 있다. 인류는 10년 전에는 상상도 할 수 없던 일들을 하고 있다.

과거에는 큰 것이 작은 것을 지배했다. 그러나 오늘날은 빠른 것이 늦은 것을 정복한다. 오늘날 작은 것은 아름답다. 그리고 오늘날과 같이 첨예한 경쟁의 시대에는 작은 것이 강력하고 가장 좋은 것이다. 사람들은 양보다 질을 더 가치 있게 생각하는데 이것은 인생의 행복이 질적인 것으로 보이기 때문이다. 우리는 흑백이나 옳고 그름에 대한 아시아의 극단적인 가치관을 오랜 기간 받아 들여왔다. 사람들은 자연과 문명, 자본과 노동, 생산자와 소비자, 고전음악과 팝 음악, 심지어 종교집단 사이의 갈등 속에서 살았다. 그러나 디지털 패러다임은 더 이상 나누는 것을 허용하지 않는다. 국가 경계 즉, 자본과 노동의 벽, 고전음악과 팝 음악의 경계선이 모두 무너졌다.

한국인들은 하늘, 땅, 사람을 조화시키고 통일시키는 사고에 익숙해져 있다. 그들은 상호부존(賦存)의 전통과 몸과 자연이 하나라는 사상에 가치를 부여해 왔다. 이것은 사이버 공동체를 위해 네트워크로 연결된 디지털 패러다임에 적합한 사고를 가지고 있음을 의미한다. 디지털 기술의 기본 코드는 0과 1인데 그것은 무한의 기술을 창조할 수 있다. 한국 문자인 '한글'의 모음이 0과 1로서 구성되어 있는 것은 주지의 사실이다. 정보화 시대에 따른 디지털 문명과 인터넷 산업 등은 한국을 세계 유수의 전자 산업국가로 부상하게 한 것은 결코 우연이 아니다.

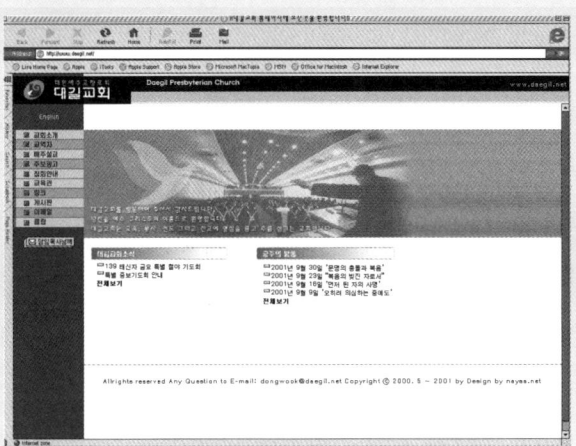

대길교회 리노베이션 대 디지털 패러다임

어떤 사람은 리노베이션, 패러다임, 디지털 같은 단어를 보고 당황하게 될지도 모른다. 이것은 건축공학, 혹은 전자공학적 용어이다. 만약 서로 다른 분야의 어떤 유용한 방법이나 아이디어가 있다면 목회자는 그 개념들을 이용해야 한다. 두 가지 불가피한 변화, IMF와 그 이후 새로운 세기가 줄 충격 때문에 한국교회 목사들은 그들의 사고와 삶의 양식을 바꿀 준비가 되어있다. 서양과 아시아의 속담에 공히 "한번 실패는 병가지상사"란 말이 있다. 새 천년 직전에 IMF위기가 온 것은 한국 경제, 사회, 국내외와 심지어 교회에 불행스러운 일임에 틀림이 없다. 그러나 IMF라는 황량한 들판 속에는 숨겨진 보화가 있었던 것이다.

주

1) 이근만. 디지털. 12-15쪽 참조

제 6 장 / 대길교회 5대 리노베이션

제6장 대길교회 5대 리노베이션

이 책은 앞서 대길교회의 역사와 주변환경과 현재의 상태 그리고 IMF가 한국사회와 교회에 미친 영향을 보여 주었다. 또한 새로운 목회 패러다임으로 개혁을 대신하는 리노베이션의 개념도 소개했다. 그것은 이전과 전적으로 다른 디지털 개념이다. 디지털 패러다임을 목회에 적용한다면 그 접근방식은 단순 명료한 생각과 행동일 것이다. 목회자들은 양보다는 질을 추구해야 하고 진실하고 생명력 있고 효율적인 것을 추구하면서, 작은 것들을 무시하지 말아야 한다.

수집되고 분석된 모든 통계자료로부터 박 목사는 다섯 가지 영역에 초점을 맞추기로 결정했다. 이 다섯 가지 영역들은 과거로부터 발견한 문제들을 해결하고 대길교회가 21세기로 약진할 수 있도록 도와줄 것이다. 이 장은 이 다섯 가지의 영역을 고찰해 보고 교회가 어떻게 이 조사자료를 통해 다섯 가지의 영역과 일체가 되는지를 보여줄 것이다. 이 장은 이 다섯 가지 영역을 이루기 위해 교회가 지금 밟아야 하는 단계가 무엇이고 미래에 밟아야 할 단계는 무엇인지를 보여줄 것이다.

새로운 잠재성의 회복

1885년 처음으로 은둔의 나라 한국에 기독교가 소개된 이래로 기독교 문화가 세속 사회를 이끌어 왔다. 과거에 기독교회와 크리스천들은 한국 사회에 지대한 영향을 주었다. 그러나 이제 그런 영향력은 옛날 이야기가 되어 버렸다. 교회는 더 이상 젊은이와 지식층에게 매력을 주지 못하게 되었다. 한국교회를 방문하는 사람들은 교회 안에서 쉽게 눈에 띠는 세대가 여자들과 노인세대가 주류를 이룸을 발견한다. 젊은이와 지식층은 어디로 갔는가? 그들은 말하기를, "교회는 다양하지 못하고, 흥미 있고 신선한 것이 없다."고 말한다.

대길교회 조사에 의하면 젊은 층은 그들의 부모만큼 예배에 참석하지 않는다(앙케이트의 종교적 태도). 대길교회는 그들의 요구를 만족시키기 위해 많은 다양한 방법을 시도했지만 충분히 만족시킬 수 없었다. 투자가 없는 곳에 발전이 없다.

대길교회는 95년도에 이미 대길 홈페이지(http://www.daegi..net)

를 열었고, 담임목사의 이 메일 주소(park@daegil.net)를 소개했다. 지금까지 3만 9천명의 젊은이와 부모들이 홈페이지를 방문했다. 그것은 하루에 평균 120건의 접속이다. 젊은 층은 자신들의 방식대로 여러 주제와 이야기 거리들을 나누고 싶어했다. 박목사도 그 홈페이지에 들어가서 그들의 이야기들과 관심사들을 듣고 대화를 나누었다. 어떤 때에는 박 목사의 행정과 설교를 문제삼기도 하였던 적이 있다. 어떤 청년은 "우리교회의 특징이 뭡니까?" 라는 질문을 던지기도 했다. 그래서 박 목사는 청년들이 교회의 특징적인 상징을 원하고 있다는 것을 알게 되었다.

대길교회의 새 정체성을 찾고자 하는 데에는 더욱 깊은 이유가 있다. 여기에서 보여주는 다섯 가지의 영역들은 따로 분리되어 있는 것이 아니라 결과적으로는 하나로 결합되어 있다. 그들은 모두 새로운 칼라와 정신으로 조화를 이루어야 한다. 제3장에서 조사 결과의 분석에 의하면 65%의 사람들은 대길교회가 과거에 보수적이었다고 생각하고 있다. 대길교회는 내, 외적으로 새로우면서 진취적인 어떤 것을 보여주어야 한다.

제3장 2. 조사A. 대길교회의 성장 잠재력에서 성도들은 새롭고 매력적인 것을 필요로 하고 있다는 것을 살펴보았다. 특별히 청소년그룹들이 그러했다. 이 두 질문에 대한 응답은 교회가 목회를 돕는 특별한 일들은 하지 않고 단지 일상적인 일들만 하고 있다는 느낌을 받게 해

주었다. 청소년 그룹과 불만족 그룹은 대길교회의 이미지 변신을 갈망하고 있다. 그와 같은 이미지 변신을 이루게 되면 제4장 1. '한국사회의 달라진 모습들'에서 언급한 것 같이 - 네 번째 변화는 잃어버렸던 정체성의 회복이었다. - 정체성을 회복할 수 있게 될 것이다.

새로운 정체성 회복을 위한 사업가운데 한가지가 대길교회의 새로운 로고를 디자인하는 것이었다. 그것이 어려운 일 일지도 모르지만 그것은 기존 교회의 의지의 변화를 상징으로 보여주는 표지가 되었다. 과거 20년 이상 된 로고와 마크가 있었으나 그것은 흑백으로 된 것이었다. 새로운 시대에 새로운 이미지가 필요하였다. 박 목사는 대길교회의 이미지로 "푸른 초장과 독수리의 날개 침"를 사용해 줄 것을 제안했다. 그 이미지는 구세대와 신세대를 모두 만족시킬 수 있었다. 대길교회 새로운 이미지는 컴퓨터 그래픽 작업에 의해서 총천연색으로 만들어 졌다. 그것은 디지털 체제에 적합한 일이었다. 새로운 로고는 박목사의 리노베이션을 한 폭의 그림으로 표현하고 있는 것이다.

대길교회는 새로운 로고를 만들기로 결정했을 때 1)단순하고 신선할 것 2)모든 사람이 좋아할 것 3)열린 보수성을 띄게 할 것과 같은 몇 가지 기준이 제시되었다. 대길교회는 처음에 대길교회 홈페이지에 광고를 올렸고 다음에는 교인들에게 상당한 상금을 내걸었다. 어린이로부터 노인에 이르기까지 모든 성도들이 참여해서 2개월 동안 로고를 만들어 보았으나 목사나 위원회를 만족시킬 만한 작품은 나오지 않았다. 여론을 일으키고, 관심을 끄는 일에 만족해야 했다.

대길교회는 한국에서 전문 그래픽 회사인 웰 그래픽(Well Graphic)에게 제작을 의뢰하였다. 웰 그래픽은 시중에 통용되는 교회로고(CI-church identity)의 80% 이상을 제작하고 있는 교회 컨설트 회사이다. 그들은 2000년 4월에 작품을 복수 추천하여 보내어 위원들이 한 가지를 확정하였다. 푸른 초장 바탕에 대길 교회의 영문 로고 DG가 겹쳐 있으며 흰색의 비둘기가 교통하는 것을 선택하였다. 가운데 청색은 젊음과 미래를 상징하는 색깔로 택하였다.

대길교회의 새로운 CI를 보고 옛날 것과 비교해 보는 것도 흥미로울 것이다. 눈에 보이는 변화, 상징의 도전이 결국은 생각과 행동의 유형을 좌우하게 되고 점진적으로 갱신의 출발이 될 수 있는 것이다. 이후에 전개될 모든 갱신의 내용들이 이곳에 집약될 수 있다. 이것이 패러다임 쉬프트의 가시적 모델이었다.

새로운 영적 운동

독자들은 "영적"이라고 말할 때 주의 깊게 들어야 한다. 왜냐하면 한국에서는 그 말이 많은 오해와 잘못된 적용을 불러일으키기 때문이다. 사람들은 그것을 성령과 관련된 것 혹은 지도자로서 특별한 카리스마 혹은 어떤 신비스러운 일로 생각하곤 한다. 우리는 "영적"이라는 단어를 아직까지 정확하게 정의하지 못하고 있다. 저자는 "하나님을 가까이 하는 것과 하나님을 기쁘시게 하는 것"이라고 정의한다. 하나님을 가장 기쁘시게 하는 것은 무엇일까? 그것은 주 예수 그리스도의 복음을 전하는 것, 잃어버린 양을 인도하여 그의 제자를 만드는 것 즉, 전도이다.

전도는 지상교회에 수여된 최초의 거대한 명령이다. 넓은 의미에서는 모든 일들을 전도라고 부를 수 있지만 좁은 의미에서의 전도는 불신자를 신자로 만드는 것일 것이다. 그것은 본질적으로 교회 성장과 관련되어 있다. 대길교회는 거의 매년 "총동원전도"를 통해 수 천명의 방문객과 새 신자를 맞았다. 매년 대길교회는 수 천명의 사람들에게 환영하는 인사를 했지만 그것이 진정한 성장이 되지 못한채 단회적으로 끝나버리는 경우가 많았다.

총동원 전도 주일 행사는 매년 교회가 실시하는 큰 행사임에는 틀림이 없다. 박목사가 회중에게 D-day를 선포한 후 특별기도회의 일정을 잡고, 가르칠 주제를 정하고, 계획된 프로그램을 실행으로 옮기도록 한다. 1991년 이래로 총동원 전도행사를 9번 실시했다. 수천명의 사람들이 와서 등록했다. 그래서 등록교인의 수가 1,523명에서 6,850명까지 증가되었다. 이 프로그램은 매년 반복되었지만 그렇게 큰 열매는 없었다. 이 행사에는 전도 분위기의 상승, 교회 홍보의 효과, 힘의 집중 등과 같은 몇 가지의 장점들이 있지만 가장 중요한 것은 새 신자를 얻는 것이어야 했다. 총동원 주일과 같은 유형의 전도는 압박축구처럼 너무나 많은 시간과 돈과 에너지를 요구한다. 많은 돈과 시간을 사용하는 것에 비해 새신자 정착의 결과는 만족스럽지 않았다. 매년 그것을 하는 것은 문제가 있었다. 심지어 대길교회 성도들 중에도 새 신자 얻는 일에 회의를 느끼게 되었다. 그들은 피곤했고 이 전도결과를 의심스러워 했다. 그것은 아날로그 전도 패러다임으로 불릴 수 있다. 그 행사로 많은 부수적인 결과들이 없는 것은 아니었지만 대길교회가 기대한 만큼의 열매는 얻지 못했다. 이 큰 프로그램을 포기하는 것이 문제였다.

지역사회에 관한 조사에서조차도 이러한 접근에 대해 부정적인 것으로 나타났다. "그러나 어떤 사람들은 부자와 가난한 자들의 차이, 새벽기도회의 시끄러운 소리, 너무 강압적인 전도, 설교에 대한 지루함, 하나님을 믿는 사람들에 대한 무관심 등의 부정적인 대답을 했다." 교인들은 두 가지 상반되는 의견을 보였다. 한가지는 전도의 원칙론에 순응하는 의견이었으며 다른 하나는 전도의 방법에 대해 반대하는 의견이었다.

교회는 총동원 전도 주일 운동에서 태신자 운동으로 전환하게 되었다. 태신자 운동을 대길교회에 적용하는 것은 모험일 수 있다. 경험이 일천한데다 결과가 미지수였기 때문이었다. 그러나 태신자 운동은 과거의 총동원 전도행사에서는 찾을 수 없는 분명한 유익이 있다. 그것은 첫째 전도의 열매를 확실하게 거둘 수 있다는 것이다. 그것은 사랑의 교회와 왕성교회에서 검증되었다. "태신자"는 성경에서 지상명령과 몇 가지 구절에 근거를 두고 있다. 그것은 어머니의 자궁에 있는 태아에서 아이디어를 얻은 것이다. 태아는 어머니의 사랑과 희생 속에서 열 달 동안 자궁에 머물게 된다. 태신자 운동은 이와 같이 전도를 받고 교회에 나온 사람들을 일정한 기간 동안 기도하며 돌보자는 것이다.

이 새로운 전도운동의 특징은 1) 그룹으로 하는 전도가 아니라 맨투맨으로 하는 전도라는 것이며 2) 왕성교회나 사랑의 교회 같은 우리 교단의 여러 교회에서 증명된 바와 같이 유효한 열매를 맺을 수 있다는 것이다. 교회는 또한 그들의 계속적인 헌신과 영적 각성을 통해 그들이 새로운 불신자들에게 전도할 수 있게 되는 일을 기대할 수 있다.

사실 대길교회 성도들은 새 신자에 대한 관심이 그렇게 높지 않다. 심지어 대길교회 20%가 새 신자에 대해 불만을 가지고 있고 현재와 같은 전도방식을 원하지 않고 있다. "교회에 오래 다닌 신자들(48%)이 새 신자에게 더 부정적이었다는 것은 놀라운 일이었다. 20%의 사람들은 새 신자들이나 방문자들에 대한 어떠한 관심도 불만스럽다고 대답했다."라는 대목을 상기해 보자.

대길교회는 옛날 방식인 아날로그 타입의 전도를 계속 유지할 수는 없다. 그러한 전도방법은 시간과 정력과 돈을 쏟아 부어야 하는 방식이기 때문이다. 대길교회는 위험 부담이 따르겠지만 이제 디지털 형태로 접근 방식을 바꾸려고 한다. 그것은 보다 개인적이고 계속적이며 무엇보다도 효과적이며 생산적인 전도방식이 될 것이다.

조사결과에 의하면 "박목사는 다양한 분야에서 교회 성장을 이루기 위해 노력했으나 대길교회와 그의 능력의 한계를 느꼈다", 그리고 "새 신자에 대한 관심에서 심지어 20%는 그런 전도방식에 대하여 불만을 가지고 있다고 대답했다"는 부분이 있다. 또 패러다임 쉬프트에 보면 "IMF와 새 천년 신드롬은 한국교회로 하여금 보다 긍정적이고 실제적으로 그들 삶의 양식과 사고의 형태를 바꾸도록 재촉했다."고 언급했다. IMF의 교훈에 보면 "작은 것이 아름답다. 만약 그것이 생명력 있고 진실한 것이라면." 이라는 문장들이 있다.

전도의 접근 방식은 물량을 쏟아 붓는 형태에서 불신자들에게 작고 진실된 소리를 전달하고 보여주는 방식으로 바꾸어야 한다.

과거에는 교인들이 그들의 은사와 정력, 시간, 돈을 동원해야만 했다. 전도행사를 치르기 위해서는 적지 않은 비용이 들었다. 새 전도방식은 깨끗하고 정확하게 할 수 있는 방식이 도입되어야 할 것이다. 이 방식은 교회가 전도의 디지털 패러다임을 갖게 되는 전환점이 될 것이다. 새로운 영적 운동은 복음전도의 새로운 지평을 열어 주고 교회의 성장을 이끌어 내 줄 것이다.

아울러 선교의 분야에서도 선교사 중심과 나라와 도시 중심을 벗어나야 할 때가 되었다. 이제까지 한국 선교는 연고지 또는 지연과 학연을 중심으로 선교사를 파송하고 후원하는 양태를 벗어나지 못하였다. 이로 인하여 수도와 대 도시에 집중되는 양상을 보이면서 중복 투자와 갈등과 불협화음으로 국내외적으로 크게 문제가 되었으며 지금도 문제화 된 지역이 적지 않다. 그리고 선교지에서의 과열 경쟁으로 인하여 재정과 인사의 난맥상을 보이고, 도덕성 시비와 인격적인 침해 사례가 적지 않았다. 참으로 가슴 아픈 일이 아닐 수 없다.

대길 교회는 이미 1981년 4월 5일 선교위원회를 조직하여 인도 선교를 위하여 준비하며 기도 헌신하였다. 1987년 2월 20일 로이 변상이 선교사를 인도 켈커타에 파송하는 예배를 드리게 되었다. 그 이후에 이기섭 선교사가 인도 남부 뱅갈로르에 파송 받아 가게 되었으며, 중국을 비롯한 25개 지역에 선교사를 협력 선교하게 되었다. 대길 교회는 그리스도의 지상 명령을 수행하기 위하여 선교에 앞장서기 위하여 전적으로 힘쓰고 있다.

그러나 선교의 전선에도 디지털화가 필요하게 되었다. 즉 국가와 개인 중심의 선교가 아닌 아직도 복음을 듣지 못한 미전도 종족을 입양하고 계속 지원하여 자립 자전, 자영할 수 있도록 도와주는 것이 필수적인 과제가 되었다. 이러한 각성 하에서 대길 선교회는 인도네시아의 스라와이 종족을 입양하여 현재 선교 사역을 추진 중에 있다. 세차례에 걸쳐서 현지를 방문하고 현지 교회들로 하여금 연합체를 구성하고, 법인체로 발전시키는 한편 정부에 학교 설립 인가를 내어 기독교 중학교를 세울 예정으로 2001년에 선교 대회를 개최하고 기금을 마련하여 추진할 것이다.

새로운 팀 사역

한국 교회에는 공동 목사 제도가 없고, 오직 담임목사와 그를 보좌하는 몇몇 부 목사만 있다. 저자가 한국 목회 리더십의 약점을 고백하는 것은 부끄럽지만 그것이 한국 교회 갈등을 이해할 수 있게 해 주는 진실이며 열쇠이다. 한국은 장기간의 군부 독재 지배를 최근까지 경험했고 그것을 유교의 전통적인 도덕가치로 합리화해 왔다. 모든 정치 지도자들이 독재적이었고, 회사의 최고경영자들도 또한 독재적이었다. 독재적인 리더십 아래에서는 단결과 효율성 같은 장점들을 찾을 수 있다. 단결과 효율성은 독재적이고 카리스마적인 리더십을 갖고 있는 한국 교회 지도자들이 자랑으로 삼고 있는 것이기도 하다 그리고 그것은 교회 성장의 에너지가 된 적도 있었을 것이다.

한 개의 교회, 한 사람의 목회자는 한 사람의 주인의식이며, 다른 사람이나 다른 간섭은 필요 없다는 것을 의미한다. 오직 한 목회자만이 교회에서 신앙의 이름으로 통치하고 판단하는 강한 권력을 가진다. 옛날에는 그것이 목회자들에게 보편적이었고 매력적인 것이었으나 특별히 IMF 이후의 새로운 국면에서는 그것이 부당하고 잘못된 것이라고 여겨지고 있다. 그것은 민주적이지도 않고 현대적이지도 않은 것이다. 대길교회의 조사에서 보면 성도들도 같은 경향을 가지고 있었다. "목회자는 독재적인 경향이 있고 모든 것이 목회자 한사람에게 집중되는 경향이 있다." 사람들은 도덕적 가치 이외에 목회 능력에도 한계가 있다는 것을 알아야 한다. 한사람의 목회자가 300명 정도를 감당할 수 있다고 볼 때 대길교회는 열 명의 전도사 외에 4명 이상의 목회자가 더 필요하다. 대길교회는 교역자 14명이 적절한 인원이다. 왜냐하면 대길교회는 세 개의 큰 부서와 10개의 주일학교가 있기 때문이다. 유기적으로 효율성 있게 일할 수 있는 환경이 그들에게는 중요한 동기가 된다.

"여성들은 남성들보다 교회성장에 관하여 더 많은 관심을 가지고 있다"라는 제3장 교회성장의 잠재력 편에서 보는 것처럼 그들은 대길교회의 사역에 참여하고 싶어한다. 목회자와 평신도는 좋은 관계를 맺고 있다. 대길교회 과거역사에 의하면 교회 갈등은 목회자와의 나쁜 관계 때문에 일어났다. 만약 그들이 리더십의 열매를 맛볼 수 있다면 그들은 기꺼이 동역자가 될 것이다. 참여 그 자체는 기쁨이며 지난 상처들이 치유되었음을 증거 하는 표시이다.

그들을 하나로 묶는 것은 무엇인가? 그것은 그리스도 안의 형제 우애이다. "우리는 하나이며, 슬픔과 기쁨도 함께 한다!" 모든 나이와 성별 사이에는 균형과 조화가 있다. 그들은 짐을 같이 져야 할 뿐 아니라 열매도 함께 향유해야 한다. 필자는 이렇게 고백하곤 한다. "나는 당신들 없이 살 수 없다. 당신은 대길교회이고 나도 역시 그렇다"

또 다른 팀 사역은 장로들에게 적용될 것이다. 처음에 박목사는 당회를 운영하는 방법을 몰랐고 팀 정신을 이끌어 내지 못했다. 솔직히

말해서 한국 교회에서 특별히 장로 교단에서 일어나는 갈등의 90%이상이 목사와 장로의 불협화음 때문이다. 장로교회가 이러한 리더십의 갈등 문제들을 해소하지 못하는 것은 매우 심각한 일이다.

대길교회의 모든 장로들은 박목사보다 나이도 많고 경험도 많다. 만약 박목사가 대길교회 초창기부터 팀 사역을 했다면 교회 성장은 보다 빨리 이루어 졌을 것이다. 10년이 지난 후 필자는 목회에서 가장 중요한 것이 사람 자신이며 인간관계라는 것을 깨달았다. 물론 인간관계에는 왕도가 없다. 인간관계나 대길교회의 리더십은 용광로에 비유될 수 있다. 그래서 깨달은 교훈이 있다. 처음에는 그들이 말하는 것을 기다리고 들으라. 그러면 그들은 기다리고 들어줄 것이다. 팀 사역은 대길교회의 첫 번째 관심사이다.

"무엇이 우리의 희망 혹은 기쁨 혹은 희락의 면류관인가? 우리 주 예수 그리스도께서 오실 때에 그 앞에 있는 것은 당신이 아닌가? 당신 이야말로 우리의 영광이요 기쁨이다."(살전 2:19-20)

평신도 지도자는 더 이상 목사의 라이벌이나 장애물이 아니다. 편견, 교만, 오해, 의심, 시기, 상처 그리고 갈등과 같은 독소적인 요소들을 뽑아 내라. 어떻게 그것을 뽑아 내고 교회 성장을 위한 좋은 옥토로 그것을 변화시킬 것인가? 필자는 이해하는 마음, 계속적인 대화, 신뢰와 격려, 함께 기도하고 용서하기와 같은 도움이 될 수 있는 여러 덕목을 제안하는 바이다. 그리고 나면 하나님이 도와주실 것이다.

대길교회의 교역자들은 국내, 해외의 선교지로 향하는 빡빡한 선교여행 일정을 잡아 놓고 있다. 대길교회의 교역자팀은 서울에서 그들이 선교에 있어서 훌륭한 팀 사역을 하고 있는 것으로 잘 알려져 있다. 금년에 대길교회는 당회원들과 함께 선교여행을 계획하고 있다. 모든 것 중에서 가장 중요한 것은 인적 자원이며 서로를 포용하고 용서하는 마음이 중요하다. 리더십은 오랫동안 지속적으로 연구하고 훈련해야 할 과목이다.

　대길교회의 갈등은 인간관계의 문제였다. 다른 말로 하면 교회 안에서의 주도권 다툼이었다. 필자도 갈등을 겪었다. 대길교회의 리더십이 안정이 되어 있고 교인들과 노회의 회원들에게 만족을 주고 있기는 하지만 목회자는 항상 주의를 해야 한다고 생각한다. 지도자는 교인들과 함께 나누고 그들을 격려할 수 있어야 한다. 교회 내에는 여전히 활동적이지 않은 많은 교인들이 있다. 조사결과에 의하면 "현재 교회 활동에 관해 만족한다는 대답은 34%이었고 52%는 보통이라고 생각했다. 단지 5%만 현재 교회 활동에 불만족스럽다고 대답했다. 성도들은 실제적인 불평도 없고 특별한 관심도 없기 때문에 약간 수동적이었다."

　교회성장은 교역자들과 장로들과 평신도 지도자들과의 새로운 팀 사역을 어떻게 얼마나 할 수 있느냐에 달려 있다.

새로운 교육개발

대길교회의 교육의 중요성에는 두 가지의 이유가 있다. 하나는 저자가 1989년이래 교육목회를 지도해 온 교사의 임무를 맡은 사람이라는 것에 있으며 다른 하나는 대길교회는 1956년 이래로 교육에 높은 관심을 가지고 있다는데 있다. 한국교회들은 교육을 중요시했으며 교육의 잠재력을 인식하고 있었다. 그래서 그들은 전도와 교육에 사역의 우선 순위를 두었다. 조사결과에 의하면 교회의 우선순위에 대한 응답이 "28%는 교육이라 대답했고, 26%는 예배, 24%는 전도라고 대답했다". 옛날 대길교회의 주일학교는 대단히 훌륭했지만 평신도들을 위한 교육은 빈약했다. 그것은 과거의 목회자들과 세대차의 탓이기도 하다. 과거의 목회자들 중 한 분은 유명한 부흥사였고 또 한 분은 유능한 행정가였다. 그들을 평신도들을 위해 쓸 수 있는 시간도 마음의 여력도 없었다. 독자들이 앞에서 본 바와 같이 교육 목회를 지향한 박 목사는 평신도를 깨운다는 방법으로 평신도의 훈련을 강조했다.

지역사회 조사에서 그들의 교육에 관한 높은 관심이 있다는 것은 놀라운 일이었다. "지역 주민들 중 긍정적인 그룹에 해당하는 응답자들은 어린이 교육과 인간관계, 더욱 많은 배움의 가능성을 언급했다." 노회 조사에서 21세기의 주요한 사업은 청소년 교육이 제1순위가 될 것이다 라고 대답한 사람이 43%를 차지했다.

    1998년 IMF에도 불구하고 대길교회는 6억5천 만원을 주고 교육관 부지를 구입했다. 그곳에는 아름다운 정원과 접대 홀을 가진 큰 주택이 있고 셀 그룹들과 협동학습을 위한 많은 방들이 있었다. 대길교회는 리노베이션이 완성된 후 새로운 교육관을 지을 예정이었다. 이것은 현재 완공되어 평신도들과 젊은이들이 모임을 갖고 공부할 수 있는 공간으로 적극 이용되고 있다.

    실제로 2001년 6월에 지하1층 지상 4층 연건평 480평의 교육관을 건축하게 되었다. 이 건물은 순전히 초등학교와 중고등학생들을 위한 장으로 활용되도록 설계 되었다. 지하에는 장서 10,000권의 북 까페를 설치하여 교인들과 아이들의 휴식과 독서의 장으로 사용하게 되었으며, 4층은 음악과 연극 영화를 공연할 수 있는 콘서트 홀로 정비되었다. 이외에 PC 방과 연회장, 그리고 크고 작은 사무실을 가질 수 있게 됨으로 명실상부한 교육관으로서의 기능을 발휘하게 되었다.

대길교회는 아래와 같이 새 교육개발의 열쇠로서 협동학습의 새로운 사고를 도입했다. 그것은 전과는 완전히 다른 교육 개념이다. 모든 교육전도사들이 그 세미나에 참석하여 배우고 익혔다. 매년 교사 대학을 통하여 주기적인 교사 교육을 실시하고 있는바 협동 학습의 원리와 실제를 훈련받고 있다. 지금부터 교육을 위한 대길교회 주일학교 정책은 변화 될 것이다.

협동학습은 무엇인가?
협동은 공유된 목적을 성취하기 위해 함께 일하는 것이다. 협동 활동 안에서 개개인은 자기 자신과 그룹의 다른 모든 사람들에게 유익을 주는 결과를 추구한다. 협동학습은 학생들이 함께 일함으로써 자신과 다른 사람들의 학습을 최대화하기 위해 소그룹의 학습방법을 사용한다.

왜 협동학습을 사용하는가?
학생들의 학습 목표는 협동적, 경쟁적, 개인적 노력을 증진시킬 수 있도록 구성되어야 한다. 협동상황과는 반대로 경쟁상황은 학생들이 서로를 적대시하며 오직 하나, 혹은 소수만이 획득할 수 있는 목적을 얻기 위해 일하는 것이다

협동그룹이 하는 일은 무엇인가?

교육가들이 만약 "함께 일하라","협동하라" 그리고 "팀이 되라"고 하는 선한 의도의 지시가 협동심을 불러일으키기에 충분한 동기가 될 것이라고 생각한다면 스스로를 기만하는 일 일 것이다. 모든 그룹이 협동적인 것은 아니다. 사실 학생들이 서로 협력하여 일할 수 있는 과목들을 구성하기 위해서는 협동적으로 일하게 하는 요소에 대한 이해가 필요하다는 것이다.

학습활동을 서로 경쟁적이 되도록 구성할 수 있다. 그렇게 하면 학생들은 서로를 적으로 생각하고 일하게 된다. 그렇게 하면 학생들은 혼자서 일하게 된다. 반대로 협동할 수 있는 학습활동을 마련해 주면 학생들은 공유된 학습목표를 성취하기 위해 함께 일하게 된다. 협동학습은 경쟁적이거나 개인주의적인 학습보다 더 높은 성취감을 경험하게 된다. 협동활동은 또한 사고와 본질적인 의사소통기술과 증진된 동기와 긍정적인 자의식과 사회의식과 개인차에 대한 인내심을 높여 주는 경향이 있다.

특별히 최근 연구는 교실에서의 일상적인 협동적 경험을 다음과 같은 영역에서 유익이 있다는 것을 밝혀 주고 있다.

◎ 성취
◎ 비평적이고 창조적인 사고
◎ 학과와 학교에 대한 긍정적인 태도

◎ 그룹 상호작용과 사회적 기술
◎ 자존감과 상호 존경

협동활동이 성공적이기 위해서 교사는 다음의 핵심요소에 주의를 기울일 필요가 있다.
◎ 작은 그룹 규모 / 경쟁
◎ 그룹의 기능들
◎ 그룹 규범 : 학생들이 서로를 지도하고 배우는 것은 중요하다.
◎ 그룹 기술들 : 팀 작업, 차이점의 지원과 수용, 능동적/반사적 경청, 긍정적 피드백, 합의에 도달하기, 다른 이들을 지도하고 가르치기
◎ 그룹 목표와 역할 : 정확하게

이 협동학습은 대길교회가 많은 작은 방을 위한 새로운 교육관이 마련되고 교사들을 훈련시킬 수 있을 때 성취될 수 있을 것이다. 그것은 단순하지 않겠지만 대길교회는 변화해야 하고 새로운 교육개발에 힘써야 한다.

대길교회는 교육문제를 강조했다. :"그는 10년 동안 중등 학교 교사로 있었다. 그는 대길교회의 주일학교 교육을 한 부서를 한 사람의 파트타임 사역가가 전담하여 지도하고 소그룹으로 조직하도록 독려하고

있다."" 청소년 프로그램의 경우 58%의 사람들이 주일학교 교육은 평범하다고 대답했다" 그러므로 교육에는 변화가 있어야 한다.

지금부터 대길교회의 교육은 IMF의 교훈으로부터 배운 소그룹으로 변화될 것이다. "생명력 있고 진실된 것이라면 작은 것이 아름답다". 협동학습은 교인들과 학습자들로부터 더 많은 참여를 이끌어 내게 될 것이다.

새로운 시설 개발

대길교회 리노베이션에 관한 보고는 본 장에서 절정에 다다르게 될 것이다. 리노베이션은 원래 건축학적 용어이기에 대길교회 리노베이션은 공간 혁신에서 완성되어야 한다. 교회와 지역 사회, 노회의 모든 사람은 새 성전 건축의 필요성에 동의한 바 있다.

대길 교회 성도들을 향한 설문결과에 의하면 교회의 가장 시급한 과제가 시설 개수라고 대답한 이들이 35%나 되었다. 지역 사회와 노회 쪽에서의 응답은 더욱 찬성하는 쪽이었다. 지역 사회에서는 유치원과 아기 놀이방을 원하고 있었다. 심지어 이웃 사람들 중에는 교회에 도서관과 예식장 또는 장례식장을 선호하고 있었다. 노회원들의 앙케이트는 대길 교회의 주요 과업으로 마땅히 새 예배당과 교육관 건축을 지적하고 있었다. 새로운 시설의 필요성을 의심없이 부각시키고 있었다.

대길 교회의 긴 역사에 비추어 교회 건물은 낡았다. 3장 40페이지에서 보듯이, "사람들은 불편을 호소하고 재건축을 희망하게 되었다. 응답자의 35%가 교회의 시급한 현안으로 시설의 개수와 목회자의 개별적인 돌봄을 선호하고 있었다. 교회는 마땅히 직원들로 하여금 기존의 건물을 잘 살피고, 담당자로 하여금 새로운 건축 계획을 검토하게 해야만 하였다." 그 불편 사항이란 화장실, 주차 공간, 예배실, 그리고 가파른 계단의 순이었다.

　새로운 교회 건물을 건축한다는 것은 대단한 결단이며, 모험이었다. 그러나 교회는 무언가를 해야만 하였다. 제 2장 한국 교회의 변화에서 말하였듯이, "교회는 구조 조정을 하고, 재정 소비를 줄여야 한다." 에드가 라이언이 정의하였듯이, "기존 건물이 자기 역할을 충분히 하지 못할 때에 어떤 목표를 세워 건물을 개선하려는 노력을 해야만 한다." 대길 교회는 이러한 리노베이션의 모델이 될 것이다. 노약자와 장애자들을 위하여 가파른 계단 대신에 승강기를 설치하는 것은 좋은 시도였다. 대길 교회는 이제, "아름답고 편리하게." 대보수하게 되었다. 그것이 IMF 시대의 경쟁력이기도 하다.

　그러나 교회 내에서 대역사를 하기 위해서는 많은 견해가 제기 되었다. 건축이 언제 시작할 것인가? 지금인가, 10년 뒤인가? 그리고 그 범위를 소폭으로 할 것인가? 아니면 대대적으로 시작할 것인가? 경력이 많은 당회원과 전문가 그룹 중에 누가 주도할 것인가 하는 점도 미묘한 사안이 되었다.

　더욱 어려운 문제는 정부의 허가를 얻는 일이었다. 지역 사회의 여론을 경청한 것도 대길 교회로서는 주요한 이유가 되기도 하였다. 박목사는 그들의 요구와 불편을 듣고 싶었던 것이다. 사람들은 편리한 건물의 사용과 주차장 시설을 원하고 있으나 새로운 교회 건축을 위하여 정부의 허가를 동의하는 일에는 부정적이었다. 5년 전에도 시도하여 이미 좌절한 적이 있었다.

대길교회 부지는 공유지분의 공동 소유주에 의해 제한되었는데 그것은 건축허가가 단지 모든 소유자의 허락 하에서만 획득된다는 것을 의미한다. 일반적으로 개인주택은 보다 쉽지만 교회 건물은 부지의 많은 비율로 봐서 건축 허가를 얻기가 매우 어렵다. 한국 건축법에는 교회에 대한 호혜적인 조항이 거의 없다. 한국에는 많은 종교가 있고, 사람들은 종교단체가 민원의 대상이 되고 다루기에 까다롭기 때문에 오히려 교회에는 많은 제약이 있는 것이다. 많은 경우에 있어서 교회는 이웃과의 문제 때문에 계획을 포기해야 하는 경우도 있다.

여러 번 박목사와 장로들은 영등포구청장을 만나 적법한 법률 하에서 건축허가를 받도록 요구했다. 전혀 허락이 없어서 모든 사람은 결과에 실망했다. 교회 건물은 워낙 오래되어서 교회 성도들 뿐만 아니라 많은 방문객들이 좁은 주차장, 더러운 화장실, 가파른 계단 그리고 옛날 형태의 본당 내부구조에 불평을 했다.

이미 앞선 보고서에서 본 바대로 대길교회 성도들은 그들의 건물이 새롭게 되기를 열렬히 원했다. 이웃들은 심지어 조용한 기도시간과 주차장에 대해 충고했었다. 노회 조사에 있어서 그들 중 43%는 대길교회 시설물에 대해서 직접적으로 불평했다. 조사 후에 저자는 교회를 새롭게 하는 것을 충분히 깊이 있게 고려하지 못한 것을 후회했다. 피터 와그너 박사는 "교회는 좌석의 80%가 차기 전에 새건물을 준비해야한다"라고 권면했다. 대길교회 청중은 좌석수의 두 배를 넘는다. 대길교회 정체현상의 하나는 교회 시설문제임이 틀림없다.

대길교회는 교회 부지 내에 새 건물을 건축하기 위한 더 넓은 땅을 구입할 계획을 세웠다. 그 당시에 IMF가 한국에서 일어났다. 그것은 예산을 두배로 증가시키는 것을 요구했기 때문에 대길교회가 새로운 건물을 건설하기를 시작하지 않은 것이 하나님의 축복이었다. 많은 교회들은 IMF 때문에 교회 건물 짓기를 멈추고 포기해야 했다. 대부분의 한국교회는 수중에 돈이 없지만 교인들과의 약속 때문에 건축을 시작하곤 하였다. 갑작스러운 IMF 때문에 교회 성도들은 개인적으로 약속을 지킬 수 없었고 그 결과 교회는 사업가와의 계약을 깨뜨렸다. 그것은 많은 교회에 불명예가 되었는데 돈을 갚아야 했으므로 건축을 포기함은 물론, 교회 땅을 내 놓거나 헌금 수입이 차압당하는 수모를 겪는 지경까지 되었다. 이러한 현상은 건축하는 교회에 보편적이었다.

이 위기를 벗어나게 하는 하나님의 은혜로 대길교회는 다른 프로젝트를 시도했다. 법의 한도 내에서 허가를 받고, 재정 능력이 허락하는 범위 안에서 책임지는 것은 좋았다. 결정은 대길 교회를 리노베이션하는 것으로 났다. 박 목사와 대길교회는 리노베이션의 개념을 깨우치게 한 두 사람 박영근 장로와 조재묵 집사에게 감사하고 있다. 그들은 전문적 건축가들인데 한 사람은 건설회사 사장이며, 다른 한 사람은 유능한 건축 설계사이다. 그들은 박 목사를 격려했다. "새 건물이 항상 좋은 것이 아니다. 여기에 우리 실정에 맞으면서도 새롭게 하는 방법이 있다. 대길교회는 지역적으로 워낙 좋은 자리에 있으므로 우리는 대길교회를 모양과 용도에 있어서 재창조할 수 있다. 그것은 그렇게 비싸지 않아서 우리는 어떤 허가나 시의 규제도 필요로 하지 않는다. 우리는 꿈을 갖고 있다." 새 건물 대신에 리노베이션하리라고 박 목사가 마음 먹는 데에는 거의 3년이 걸렸다.

다음 단계는 당회를 설득하는 것이었는데 장로 교회에서 그것은 미묘하고도 매우 중요했다. 왜냐하면 그들은 시기와 규모에 관하여 다양한 의견을 가지고 있었기 때문이다. 3개월간 계속하여 그들은 다양한 사례를 토론하였으며, 리노베이션을 위하여 한 마음이 되기 위하여 기도를 계속 하였다. 마침내 1999년 11월 24일에 그 프로젝트를 착수하기로 결정했다. 그 때가 적기였다. 대길 교회 성도들을 향한 설문에서 "얼마나 시설 보수를 하여야 하는가? 30%의 교인들이 즉시해야 한다. 50%는 5년 내에 해야 한다. 그리고 6%는 10년에 하면 좋겠다고 한 바 있다. 전체 교인들의 80%가 향후 5년 내에 시설보수를 해야 할 것이라고 응답했는데 결국 이 일은 대길 교회로서는 대단히 중요하고 의미 있는 역사였던 것이다.

대길교회는 11월 4일 또 다른 행사를 가졌다. 그것은 대길교회 43주년이었는데 여섯 장로와 네 명의 안수집사, 열 명의 권사를 종신직으로 임명했다. 그들의 신앙과 충성심을 교회 앞에서 하나님께 고백하는 것은 매우 의미있고 아름다웠다. 그들은 대길교회 리노베이션을 위해 적지 않은 헌금을 하였고, 그것이 대길교회 리노베이션의 불씨가 되었다.

1999년 12월 12일 모든 회중은 기금 모금을 약속했고 개인적으로 기도한 후에 결정했는데 그것은 기대치 이상으로 6억 5천만 원에 이르렀다. 그들은 이제 할 수 있다고 믿게 되었다. 1999년 10월 30일 디자인 계획이 2000년 대길교회 예산과 함께 결정되었다. 2000년 역사적인 새해 첫날에 박목사는 건물의 대보수 뿐만 아니라 새로운 정체성 회복, 영적 운동, 팀사역, 교육을 포함하는 대길교회 전반의 리노베이션을 선포했다.

2000년 1월 4일 대길교회는 삼두인터내셔날과 계약을 체결했다. 만 달러를 예치하고 일본의 히타치 회사에 안전한 유압식 엘리베이터를 주문했다.

2월 8일 그들은 리노베이션 건축을 시작하기 위해 감사예배를 드렸다. 백 여명의 성도들이 옛 대길교회 내부를 제거하는 현장을 보려고 모였고 그들은 대부분 대길 교회의 과거를 추억하는 연로한 분들이었다.

맺는말

리노베이션 도중에 박목사는 VA의 리버티 대학 도서관(Liberty University)에서 혼자 논문을 집필하고 있었다. 박목사 뒤에는 리노베이션을 위해 일하고 기도하는 사람들이 많이 있다. 세 개의 심방팀이 심방을 담당하고 있었다. 각 심방 팀은 목사, 여전도사, 집사, 그리고 셀 그룹리더 한사람씩으로 구성되어 있다. 그들은 한 달에 대길교회의 총 600여 가정을 방문했다. 필자는 미국에서 매일아침 메일을 열어 보고 홈페이지에 방문하여 메일을 발송하고 조언을 했다. 리노베이션의 망치 소리가 대양을 건너 들리는 듯 하였다. 그것은 신선한 팀 사역이었다.

그리고 박목사는 DHL로 항공 배달된 새로운 대길교회의 로고 샘플들 중에서 하나를 골라야 했고 새로운 시작을 위한 좋은 아이디어들을 많이 계획했다. 또한 미국에 있으면서 "슈퍼 컨퍼런스 2000: 태국을 위한 선교와 교육"(방콕에서 2000년 4월 2일부터 7일까지 진행되었음)을 위한 강의를 준비하고 그곳에서 '새로운 영적 운동으로서 대길교회의 전도'를 소개했다. 그 선교대회에 제리 팔웰(Jerry Falwell) 박사와 엘머 타운즈(Elmer Towns)박사가 주 강사로 와서 강의한 것은 더욱 영광스런 일이었다.

대길교회는 때로는 부흥의 길로, 때로는 시련의 길로 목자 되신 그리스도의 길을 외로이 걸어왔다. 대길교회는 중형 이상의 교회이다. 그럼에도 중견 교회라는 것은 거대한 규모의 교회가 아님을 의미한다. 역사와 구성원이 평범한 서민들고 구성되어 있기 때문이다. 그들은 근면하고 따뜻한 마음을 소유하였으며 IMF라는 어둡고 긴 터널을 지났음에도 불구하고 용기를 잃지 않은 사람들이었다. 그들은 목회자의 리더십을 존중할 줄 아는 깊은 신앙인들로서 박 목사에게는 더 없이 소중한 사람들이다. 만약 조금 더 리더십이 안정되고 균형을 잡게 된다면 대길교회는 교회성장의 잠재력을 충분히 발휘하게 될 것이 틀림없다. 그들은 새로운 시설의 확충과 개선을 동시에 필요로 했다. 이제 5층의 교육관이 완공되었고, 지역주민을 보다 효과적으로 섬길 수 있는 주차장을 비롯한 여러 시설들이 확보되고 개선되었다는 점에서 새로운 도약대가 우리 앞에 놓여 있음을 직감할 수 있다. 새로운 세기에 이 모든 것들이 하나님 나라를 향한 귀한 도구들이 될 것을 독자들은 충분히 내다볼 수 있을 것이다.

교회의 갈등은 교회성장과 새로운 비전에 의해 잠잠해 질 수 있다. 새로운 비전을 세우고 함께 도전함으로써 이미 갈등은 새로운 국면을 맞이하고 있다. 무엇보다 갈등들을 보다 잘 해결 주는 것은 원활한 의사소통과 서로를 돌보고 섬기며 함께 기도하는 일일 것이다. 주님 외에는 완전한 교회도 완전한 사람도 없다. 설사 한국교회에 많은 장애물과 시련들이 있다 할지라도 그들은 진과 같이 그깃들을 길 극복힐 것이다. 현명한 지도자들은 주님과 함께 인내하며 기다릴 줄 아는 사람들이다.

이제 "무엇을 해야 하고 어떻게 해야 할 것인가? 미리 준비하고, 영적 통찰력을 가지고 오래 전에 준비하면 그곳에 리노베이션의 길이 있다"는 것을 배우게 될 것을 믿어 의심치 않는다.

동역자들이 섬기는 사역의 곳곳이 진정한 리노베이션의 기쁨이 나타나는 현장으로 거듭나기를 갈망한다.

에필로그

2000년 4월 5일   대길 리노베이션의 완공 D-day.
　　　 4월 9일   그들은 대길교회 새 계단, 노인을 위한 난간,
　　　　　　　　새로운 화장실, 소년 소녀들이 이야기하는 새로운
　　　　　　　　정원, 보다 넓은 주차장을 준비하여 새 예배실에서
　　　　　　　　예배하다.
　　　 4월 16일   남서울 노회가 대길교회에서 열려 노회장으로
　　　　　　　　박 목사가 피선되다.
2000년   10월   교육관 공사 시작하다.
　　　　　　　　(대지 180평, 연건평 480평)
2001년 6월 20일   교육관 공사 완성되다(지하 주차장과 북 까페,
　　　　　　　　1층 연회장, 2층 교육실, 3층 각 사무실과 PC 방,
　　　　　　　　4층 청소년을 위한 콘서트 홀).
2001년 7월 20일   본당 2층 주요 사역실 (환영실, 당회장실, 교역자실,
　　　　　　　　당회원실, 의료-상담실, 재정부실, 성가대 연습실
　　　　　　　　I.II), 대보수 공사 마치다.
2001년 9월 11일   남서울 LMTC(단기 선교 훈련원)개강하다.
2001년 9월 26-27일 제1회 대길교회 선교대회 개최하다
　　　　　　　　(인도, 중국, 인도네시아)

2001년 11월 3일   교회 설립 45주년 기념, 임직식, 교육관 봉헌,
              논문집 발간 및 HOME COMING DAY
2001년 11월 23-25일 제2차 태신자 전도 집회

부록1

찬양하라 내 영혼아! (설교모음)

누가 나의 이웃입니까?

| 본문말씀 누가복음 10 : 30 ~ 37

우리는 신앙의 나르시시즘(Narcissism:자기 도취, 자만)- 을 경계해야 합니다. 우리가 세련되고 지성적인 신앙생활을 하고 있으나, 행하지 않고 자기 만족에 빠지는 외식이 얼마나 많은가를 생각해 보아야 합니다. 특히 보수 교단의 경우「영적」이라는 이름 하에 사회적인 책무는 외면하고, 자기 혼자만 '신앙 생활 잘 한다'는 착각에 빠지기 쉽습니다. 이러한 맥락에서 우리가 오늘의 본문 말씀을 실제로 적용하고, 생활 속에서 온전히 실천할 수 있기를 바랍니다.

예수님께서는, "내 이웃은 누구입니까?"라고 묻던 한 율법사에게 「선한 사마리아 사람의 이야기」를 들려주신 후에, "이 세 사람 중에 누가 강도 만난 자의 이웃이냐?"라고 질문하셨습니다. 그 율법사가 "자비를 베푼 자입니다"라고 대답하였을 때, 예수님은 "가서 너도 이와 같이 하라!"고 말씀하셨습니다.

우리의 '사랑' 개념은 교회 울타리 안에서만 해당합니다. 교제를 하여도 편이 있고 구제를 하여도 교회 안에서만 합니다. 장학금을 편성하여도 아는 사람 범위 안에서만 하고 심지어 농어촌이나 선교 헌금을 할 때에도 연고지를 중심으로 적금 들듯이 하고 있지는 않습니까? 교회와의 협력도 되지 않고 있으며 더욱이 불신 사회를 향하여서는 전무한 실정입니다. 세상의 빛과 소금이 되어야 하는데 교회 안에서만 끼리끼리 빛을 보고 짠맛을 내려고 하였던 우리에게 어리석음이 있습니다. 진정한 이웃 사랑이란, 강도를 만난 유대인에게 서슴없이 다가가서 사랑을 베푼 사마리아인처럼 고통받고 있는 자와 나의 도움을 필요로 하는 자에게 '조건 없이 그리고 아낌없이 베푸는 것' 입니다.

오늘날 우리 주변에는 'IMF' 라는 강도를 만난 사람들이 있습니다. 그들은 하루아침에 직장을 잃고 의지할 사람을 잃었습니다. 저들에게는 한 끼가 새로우며, 한 푼의 돈이 필요합니다. 우리가 언제까지 말로만, '너를 배부르게 하라. 더욱게 하라. 행복하게 하라' 고 말할 수 있겠습니까? 우리는 이제라도 내가 할 수 있는 부분에서 몸소 실천하는 양심이 되어야 합니다. "가서 너도 이와 같이 하라"고 말씀하신 주님 앞에 순종하며, '아멘' 하는 여러분들이 되시기를 바랍니다.

28절에 보면, "네 대답이 옳도다. 이를 행하라, 그러면 살리라."하셨습니다. 'Go and do! Do and you shall live.' 이 말씀처럼 우리들은 소극적이고 수동적이며 정적이고 방관자적인 입장에서 과감하게 탈피하여 이제는 보다 적극적이고 능동적으로 실천하는 자가 되어야 합니다. 바로 신앙의 구조조정이 절실히 필요한 때입니다.

지금까지 우리의 교만과 위선, 외식과 편견, 이기주의와 인색함, 그리고 무정함 때문에 우리의 영혼이 자유하지 못하였습니까? 이제라도 우리가 이러한 자비를 행하게 될 때에 이 모든 것으로부터 해방될 수 있습니다. 순수하고 조건 없이 베푸는 선행은 능력이며, 남을 치료하고 살리기 전에 먼저 우리 자신이 살아나는 역사가 있는 줄로 믿습니다.

언젠가 김정희 선교사님이 암 병동에서 말기의 환자들을 위하여 조건 없이 봉사하며 사랑을 베풀었더니 언제부터인가 자신의 고질병이었던 관절염이 깨끗하게 나았다는 간증을 들었습니다. 하나님의 치료와 축복은 내가 알지 못하는 사이에, 나의 은밀한 기도와 선행을 통하여 응답하시는 줄로 믿습니다. 나를 이기고 죄를 이기는 첩경은 적극적으로 선을 행하는 것입니다.

사마리아 사람이 강도 만난 유대인을 구해준 직접적인 이유가 무엇입니까? 그것은 '불쌍히 여기는 마음'입니다. '동정'(Compassion)이라는 말로 번역이 되기도 합니다. 'Com-passion'의 뜻은 남에게 보이려는 감정이 아닙니다. 오히려 '상대방과 같은 입장에서 품는 감정, 또는 이해와 연민의 정' 입니다. 고통 당하는 이웃과 같은 마음을 품는 것을 말합니다. 나보다 약하고 가난하고 추하고 고통 당하는 이웃을 남다르게 보지 않고, 나와 같은 입장에서 불쌍히 여기는 마음을 가질 때에 이 사회가 살아날 수 있습니다. 연약한 동포와 인생을 남남으로 보지 않고 긍휼히 여길 때에 우리는 하나가 될 수 있으며 이 나라와 민족의 앞길에 서광이 비치게 됩니다.

예루살렘에서 여리고로 내려가는 길은 해발 1,000m가 넘는 가파르고 인적이 드물며 험난한 길입니다. 도중에 나그네가 쉬어 가는 집이 있습니다. '선한 사마리아인의 집' 입니다. 물론 후세에 누군가가 교훈을 주고자 기념으로 세운 집이겠지요. 그 안에는 음료수와 기념품이 있고, 곁에는 '베드윈' 족들이 양 떼를 지키는 검은 텐트가 있습니다. 많은 관광객들이 그냥 지나가지 않고 사진을 찍으며 신기해하는 모습을 보았습니다. 바라옵기는 우리 교회가 인근 지역 사회에서 선한 사마리아인의 집이 될 수 있기를 바랍니다. 불우한 이웃과 고통받는 인생들이 이곳에 찾아와서 먹을 것과 휴식을 얻을 수 있다면 얼마나 아름다운 집이 되겠습니까?

실제로 성경에 나오는 선한 사마리아 사람은, 바로 오늘날 험난한 인생길을 살아가다가 강도 만난 자와 같은 우리를 불쌍히 여기시어 자신의 위험과 수고를 마다하지 않으시고 구원해 주신 예수 그리스도를 증거해 주고 있습니다. 그러므로 오늘날 우리들도 주님처럼 선한 사마리아 사람으로 살아가야 할 것이다.

눅 6:38절에 "주라 그리하면 너희에게 줄 것이니 곧 후히 되어 누르고 흔들어 넘치도록 하여 너희에게 안겨 주리라"고 하셨습니다. 주께서 말씀하시기를, "주는 자가 받는 자보다 복이 있도다. 그러므로 무엇이든지 남에게 대접을 받고자 하는 대로 너희도 남을 대접하라. 이것이 율법이요 선지자니라." 이보다 더 큰 법이 어디에 있겠습니까?

눅 10:27에, "네 마음을 다하며 목숨을 다하며 힘을 다하며 뜻을 다하여 주 너의 하나님을 사랑하고 또한 네 이웃을 네 몸과 같이 사랑하라." 마 22:40에는, "이 두 계명이 온 율법과 선지자의 강령이니라."고 했습니다. 즉 이웃을 위하여 주지 않고 사랑을 실천하지 않는 자는 진정한 신앙인이 아니라는 말입니다. 야고보 선생도 '행함이 없는 믿음은 죽은 믿음'이라고 하였습니다.

저는 목회를 하면서 어려운 성도들을 구제함으로 제 자신이 큰사랑을 받았습니다. 또한 다른 교회를 도움으로 제 자신이 새 힘과 기쁨을 얻었습니다. 그리고 불쌍한 제3세계 선교사들을 도움으로 하나님의 은혜를 깨닫고 축복을 받았습니다.

저는 해마다 여의도의 배나 되는 땅이 묘지로 잠식당하는 것을 보면서, 국토와 환경을 보존하고 주님의 사랑을 실천하기 위하여 저의 장기를 기증하기로 결심했습니다. 현재 우리 교회는 일반 성도 286명이 참여하였고, 추수 감사 주일에는 청년들이 기다리고 있습니다.

제가 장기를 기증하고 싶은 열 가지 이유는,

첫째, 약간의 용기를 낸다면, 여러 사람에게 새로운 삶을 선사할 수 있기 때문입니다.

둘째, 그리스도의 사랑을 말로서가 아니라 몸으로 실천하고 싶기 때문입니다.

셋째, 예수님보다 오래 살았고, 나의 선친의 요절에 비해서도 과분하게 살았기에 내게 있는 모든 것을 아낌없이 주고 싶기 때문입니다.

넷째, 국토는 좁은데 해마다 여의도 크기 만한 땅이 잠식되고 있어서 나 하나라도 양보하고 싶기 때문입니다.

다섯째, 장기는 천국에 갈 때 가져가는 것이 아니며, 죽은 사람보다 산 사람이 더 중요하기 때문입니다.

여섯째, 의과대학 해부학 교실에 교재가 될 수 있다면 죽어서도 보람이 될 것이기 때문입니다.

일곱째, 땅 속에 묻히기보다 사랑하는 나의 자녀들의 가슴에 묻혀 오래 기억되고 싶기 때문입니다.

여덟째, 인생의 마지막에 영결 예배가 아닌, 진정한 헌신 예배를 드리고 싶기 때문입니다.

아홉째, 한국 교회의 부흥과 예수 사랑을 장기 기증으로 회복하고 싶기 때문입니다.
열째, 이 세상보다 더 아름다운 천국, 이 육신보다 더 영화로운 상급이 있기에 감사하며, 만족스럽게 눈을 감고 싶기 때문입니다.

우리가 다 같을 수는 없으나 주님의 제자로서 험한 세상 살아갈 때에 무엇인가 남 다른 길을 가야 하지 않을까요? 그것은 바로 이웃을 섬기고 자비를 베풀며 내게 있는 모든 것을 주고 가는 헌신자의 길이 아닐까요? 기도합시다.

세가지 보물
| 본문말씀 시편 19편

제가 교육전도사 시절에, 청년 대학부 형제?자매들과 함께 6개월 동안 매일성경(사무엘상?하)을 가지고 묵상한 적이 있었습니다. 그 때에 참으로 매료되고 부러웠던 인물은 다윗이었습니다. 너무나 부러워서 견디지 못할 지경이었습니다. 문득 시편 19편을 읽고 묵상하던 중에 무릎을 쳤던 기억이 있습니다. 어느 때나, 어느 민족 누구에게나 하나님이 주신 위대한 교과서가 있습니다. 오늘 본문의 1절부터 6절까지는「자연」, 7절부터 11절까지는「말씀」, 그리고 12절부터 14절까지는「양심」이라는 교과서가 있습니다. 누구나 가질 수 있는 이 세 가지의 교과서를 진실로 우리와 아이들이 숙달할 수 있다면 세상에서 가장 행복한 가정과 인생과 민족 사회의 앞날을 펼쳐나갈 것입니다.

첫째는 '자연' 입니다.
「조이스 킬머」는, "시는 나와 같이 어리석은 자가 지으나 하나님만이 오직 자연을 만드실 수 있다"라고 했습니다. 다윗은 하늘과 땅과 해와 달을 볼 때에 무생물로 여기지 않았습니다. 5절에 "해는 그 방에서 나오는 신랑과 같고 그 길을 달리기 기뻐하는 장사 같아라"하면서 의인법으로 노래하고 있는 것을 볼 때에 그의 눈에는 자연도 하나님이 창조하신 피조물로 보고 있는 것을 알 수 있습니다.

자연은 비신앙적인 말이 아닙니다. 자연의 반대말은 인공이며 창조의 반대말은 진화입니다. 사전의 뜻풀이를 보면, '사람의 손이 힘을 더하지 않은, 천연 그대로의 상태이며 인간을 포함한 천지 만물이다' 라고 했습니다.

자연을 대할 때에 감동이 있어야 할 터인데 요즘 세태가 악하고 무감각하게 되었습니다. 몇 해 전 서울 시내 초등학교 정문 앞에서 병아리 장사가 성행하였고 많은 아이들이 병아리를 샀습니다. 그런데 아이들은 집에서 기르기 위하여 병아리를 산 것이 아니라, 옥상이나 높은 교실에서 떨어뜨린 후에 '어느 병아리가 더 오래 사는가?' 하는 게임을 벌이기 위해서 병아리를 샀다고 했습니다.

유태인 정신의학자「빅톨 프랑클」의 인간 생명 한계에 관련된 논문을 보면, '나치 수용소에서 허다한 유태인들이 죽어 가면서 처음에는 육체의 힘으로 버티지만, 육체의 힘이 다하면 정신력으로 살아가게 되고 그 마저도 다하면 감동력이 강한 자가 살아남더라' 는 사실을 밝혔습니다. 우리 인간이 살아가는 힘의 원천은 육체와 정신보다는 마음이 감동을 받을 때에 거기에서부터 나옵니다.

수년 전 흑산도에 있는 미자립교회에 사경회 인도를 하기 위하여 내려 간 적이 있었습니다. 그런데 마침 태풍 경보가 발령되어 배가 출항 할 수 없어서 이틀을 꼬박 기다려야 했습니다. 은근히 속상했습니다. "하나님도 무심하시지. 미자립교회에 자비량으로 사경회 인도하러 가는데 왜 태풍으로 길을 막으실까!"라고 말할 때에, 누군가가 옆에서 이렇게 말했습니다. "태풍 부는 날이 바다의 어족들에게는 잔치 날이랍니다!"

그렇습니다. 바다는 하나님의 거대한 수족관인데 누가 물갈이와 먹이를 공급할 수 있겠습니까? 하나님께서 태풍을 통하여 대양을 뒤집어 공기를 주입하여 신선하게 재창조해 주시는 것입니다.

자연을 사랑하기에 외국에 가서도 자연을 관광합니다. 큰 건물이나 시설들이 약간 부럽기도 하지만 곧 잊어버립니다. 그러나 자연의 감동적인 장면과 경험은 오랫동안 간직하게 됩니다. 이번 여름 행사에 반드시 자연과의 만남 시간을 가지고 아이들에게 자연 속에서 살아가는 즐거움을 가르쳐보시기 바랍니다.

둘째는 '말씀' 입니다.

목동 다윗이 이스라엘의 다윗 대왕이 될 수 있었던 첩경은 바로 그가 하나님의 말씀을 이처럼 확신하였기 때문입니다. 본문 7-9절을 보면, "여호와의 율법은 완전하여 영혼을 소성케 하고 여호와의 증거는 확실하여 우둔한 자로 지혜롭게 하며 여호와의 교훈은 정직하여 마음을 기쁘게 하고 여호와의 계명은 순결하여 눈을 밝게 하도다. 여호와를 경외하는 도는 정결하여 영원까지 이르고 여호와의 규례는 확실하여 다 의로우니…."

이러한 확신이 있는 자는 성공합니다. 지혜로울 수밖에 없으며 축복을 받아 누릴 것입니다.

10절을 보세요. "금 곧 많은 정금보다 더 사모할 것이며 꿀과 송이 꿀보다 더 달 도다." 다윗 시대의 금은 부와 국력의 상징이었습니다. 자고로 왕은 금 모으기에 혈안이 되어 있었습니다. 오늘날에도 현대인들은 황금에 눈이 어두워있습니다.

그런데 그는 말하기를 '꿀과 송이 꿀보다 더 달다'고 했습니다. 당시에 무슨 영양식이 있는 것이 아니라, '허기지고 피곤할 때에 송이 꿀 한 스푼이 어떠한지!' 민생고를 겪었던 다윗으로서는 익히 잘 알고 있었습니다. 이렇게 말씀의 맛을 보았으니 어찌 복 있는 사람이 안 될 수 있었겠습니까?

셋째는 '양심'입니다.

자연도 아름답고 하나님의 말씀도 완전하지만, 세상에서 가장 값지고 아름다운 것은 사람입니다. 사람이 귀한 것은 그 외모와 육체에 있는 것이 아닙니다. 또한 소유와 지식이나 부귀와 공명에 있는 것도 아닙니다. 바로 그 마음에 있습니다. 잠언 4장 23절에 보면 "무릇 지킬만한 것보다 네 마음을 지키라. 생명의 근원이 이에서 남이니라"고 했습니다. 영어 성경에는 '인생의 모든 문제(issue)가 여기에서 나온다'고 하였습니다. '사람이 마음을 어떻게 간직할 것인가?' 그것은 사람이 살다가 시험을 만나고 죄와 허물이 있을 때에 회개함으로 날마다 깨끗이 되어야 한다는 것입니다. 아무리 자연에 대한 감상과 성경 지식이 뛰어나다고 하여도 죄에 대한 인식이 둔감하여 있다면 자칫 화인 맞은 양심이 될 수도 있습니다. 그러므로 우리의 심령이 날마다 두렵고 떨리는 마음을 회복하는 것은 대단히 중요합니다.

12절에 보면, "자기 허물을 능히 깨달을 자 누구리요, 나를 숨은 허물에서 벗어나게 하소서!"라고 했습니다. 세상에서 제일 어려운 것이 자기를 아는 것입니다. 자기의 잘못이나 단점이나 실수를 인정한다는 것은 정말로 어려운 일입니다. 그러나 하나님의 사람은 달라야 합니다. 양심의 가책에 민감해야 합니다. 다른 일 하면서 고집을 부리다가 그것이 죄인 줄 알았으면 즉시 돌아서서 두 손을 모으고 벽을 향하여 기도하는 심령이 되어야 합니다. 그렇게 할 때에 하나님께서 은총을 더하여 주실 것입니다. 하나님의 나라는 실수가 없는 무균질의 사람이 아니라 죄인임에도 불구하고 회개하여 새롭게 된 사람들의 것입니다. 그러므로 실수를 두려워하지 말고, 회개하지 않는 양심을 괴로워하고 자신을 쳐서 복종시키며 금식기도를 해야 할 것입니다. 특히 고범죄를 짓지 말아야 합니다. 만약 알고도 짓는 죄의 악순환에 빠진다면 결코 형통할 수가 없습니다. 이것이 얼마나 무서운지 다윗은 13절에서 이렇게 기도하고 있습니다. "주의 종으로 고범죄를 짓지 말게 하사 그 죄가 나를 주장치 못하게 하소서. 그리하시면 내가 정직하여 큰 죄과에서 벗어나겠나이다."

사랑하는 형제 자매 여러분!

비록 여러분들의 가정환경이 좋지 못하고 양질의 교육이 없다 하더라도 낙심하지 마시기 바랍니다. 왜냐하면 하나님의 교과서가 항상 우리 곁에 있기 때문입니다. 자연을 바라보면서 신선한 마음을 회복하시기 바랍니다. 또한 하나님의 말씀 가운데 소성케 되어지며 힘과 지혜와 인도하심을 받으시기 바랍니다. 그리고 양심의 명령에 따라 항상 두렵고 떨리는 마음으로 그리스도를 닮아 가시기를 주의 이름으로 축원합니다.

한 새사람과 모퉁이 돌
| 본문말씀 에베소서 2:14~22

성경이 말하는 인생관은, 인간은 전적으로 무능하고 부패한 죄인이라는 사실입니다. 인간에게 죄의 댓가는 죽음이며, 세상에서는 전혀 소망이 없습니다. 해 아래에 새 것이 없으며 의인은 없나니 하나도 없다고 하였습니다. 별 볼일 없는 인생이며 그 마지막에는 심판이 있을 뿐입니다. 그 목구멍은 열린 무덤과 같습니다. 따라서 이것만 보면 인생은 허무한 존재입니다.

그러나 또 한가지 인생관은 오직 하나님의 사랑과 은혜로 말미암아 우리가 이 무서운 죄와 형벌의 질곡에서 벗어날 수 있다는 사실입니다. 은혜의 교리가 있습니다. 이것을 모르면 율법적인 교인이 되고 맙니다. 오늘날 흔히 만날 수 있는 교인들의 얼굴은 경직되어 있고 재미가 없으며 인색하고 무정하며 짜증이 충만하지 않습니까? 하나님 앞에서는 용서를 받았으나 사람들에게 긍휼히 여김을 받지 못하여 괴로워하며 절망하는 인생들이 얼마나 많은가요?

우리가 기억해야 할 것은 바로 은혜가 죄인을 소성케 한다는 사실입니다. 담대한 마음을 줍니다. 세상에 죄가 많은 만큼 많은 형법이 있고 처벌이 있으나, 법과 형벌이 이 세상을 구원하지 못합니다. 오직 그 크신 하나님의 사랑과 주 예수 그리스도의 은혜만이 가능한 줄로 믿습니다.

제가 잊을 수 없는 은사가 한 분계십니다. 이름도 모르지만 저는 그 분의 은혜를 잊을 수가 없습니다. 제가 고등학교 시절, 시험을 치던 어느 날 컨닝을 하다가 들켰으나 끝내 무언의 용서를 해 주심으로 저는 고등학교 졸업할 때까지 부정행위를 하지 않고 정직하게 학교 생활을 할 수 있었습니다.

가족과 친구의 사랑과 용서가 우리 사회를 밝히는 진정한 등불이 됩니다. 이보다 더 큰사랑은 죄인들을 위하여 하나님의 아들이시요, 죄 없으신 그 분께서 가장 처참하게 죽으신 십자가의 사건입니다. 이보다 더 큰 은혜는 없습니다.

우리가 감명 깊게 보았던 영화 '벤허'의 말미에 보면 쥬다 벤허가 로마에 복수할 것을 결심합니다. 그에게는 민중들이 따르는 인기가 있었고, 재물이 비축되어 있었으며, 가슴에 불타는 증오심이 있었습니다. 그러나 예수의 십자가와 평화, 그리고 용서의 기도를 듣는 순간 손에서 복수의 칼을 놓고 말았습니다.

우리의 문제와 증오, 고통은 주의 은혜를 받음으로 참으로 승리할 수 있습니다. 그 큰 은혜로 인하여 우리가 살았습니다. 세상이 감당치 못하는 은혜이기에 세상의 모든 인생의 죄를 사하여 주신 것입니다.

13절을 보면, "이제는 전에 멀리 있던 너희가 그리스도 예수 안에서 그리스도의 피로 가까워졌느니라" 고 했습니다. 우리가 어떻게 예수의 피로 가까워질 수 있습니까? 그것은 상징적인 의미가 아닙니다. 왜냐하면 그가 우리의 평화가 되었기 때문입니다. 여기에서 말하는 평화란, 임시방편이거나 황희 정승 식의 화평이 아닙니다. 보다 적극적이며 파격적인 의미를 지니고 있습니다. 즉 도저히 화목할 수 없는 둘 사이에 막혀 있는 장벽을 깨뜨림으로 하나 되게 해 주신 것이다. 영어 성경을 살펴보면 이렇게 표현합니다. 'to break the middle wall of partition between us.

우리가 하나님과 하나 될 수 없었던 것은 죄와 율법 때문이었습니다. 유대인과 이방인이 하나 될 수 없었던 것도 의문에 속한 율법이었습니다. 그러나 이제 예수 그리스도께서 피 흘려 죽으심으로 하나 되게 하신 것입니다. 기억지도 않으시는 하나님의 사죄의 은총을 찬양할 수 있기를 원합니다.

그런데 다음이 중요하다. 전혀 다른 둘을 하나로 만드셨는데 이 부분을 자세히 읽어보시기 바랍니다. 15절 이하에, "이는 이 둘로 자기의 안에서 한 새사람을 지어 화평하게 하시고…." 한 새사람-One New Man입니다.

일차적으로 이것은 단순한 하나의 새로운 개인이 아니라, 에베소 교회를 향하여 말씀하실 때에는 하나의 공동체를 의미합니다. 그리스도 예수 안에서 날마다 죽는 자로서 날마다 새롭게 되는 피조물이며 새로운 인격으로 나타나는 것입니다. 이것은 물리적인 변화가 아니라 그리스도의 피로 말미암아 완전히 새로운 자아로 태어나는 것입니다.

예컨대 남녀가 결혼하여 하나의 가정을 이루는 것은 단순한 육체의 결합이 아닙니다. 인격의 연합이며 사랑의 유기체로서 태어나는 것입니다. 전혀 새로운 하나의 인격이며 공동체로 태어나는 것입니다. 교회도 마찬가지입니다. 여러분의 직장도 그러합니다. 우리는 모두 죄인이며 얼마나 많은 모순이 있습니까? 그러나 오직 예수의 복음을 통하여 새로운 사람, 새로운 공동체로 거듭나야 합니다. 이 운동이 새 생명 운동이며 선교입니다. 이것이 십자가의 복음입니다. 이러한 은총이 우리 교회 위에 언제나 함께 하시기를 소망합니다.

우리 한국의 앞날을 생각해 보세요. 이대로 물리적으로 통합한다고 통일이 되는가요? 진정한 통일은 남과 북의 통일된 국가가 전혀 새로운 공동체로 거듭나야 하는 것입니다. 뿐만 아니라 우리 한국이 통일

한국에서 선교 한국으로 나아가야 합니다.

　20절을 다 같이 읽어봅시다. "너희는 사도들과 선지자들의 터 위에 세우심을 입은 자라 그리스도 예수께서 친히 모퉁이 돌이 되셨느니라." 예수 그리스도는 우리의 모퉁이 돌이 되십니다. Jesus Christ is a chief corner stone.

　그러나 마태복음 21장 42절에 의하면 그는 '건축자의 버린 돌'이었습니다. 당시의 권세 잡은 자들과 교권자와 종교 전문가들에게 버림을 받았습니다. 제자들에게도 배신을 당하였습니다. 놀림을 당하고 매를 맞으며 침 뱉음을 당했습니다. 가시 면류관을 쓰고 영문 밖에 끌려가 처참하게 십자가에 매달려 죽었습니다. 그는 분명 버림을 받았습니다. 사람들이 보기에 흠모할 아름다운 것이 전혀 없었습니다.

　그러나 하나님께서는 그를 다시 살리시사 우리의 주가 되게 하셨고 왕의 왕이 되게 하셨습니다. 'the rejected stone'이 'the honored stone, the capstone 또는 keystone'이 되었습니다. '모퉁이 돌'이란 건물마다 서로 연결하는 역할을 하며, 이는 성도들이 주안에서 성전이 되어가며, 예수와 함께 지어져 가는 것을 뜻합니다. 내 힘으로 할 수 없는 일을 주께서는 가능하게 하십니다. 원수까지 사랑하게 하십니다. 영원한 산 돌이신 예수 그리스도 그분 안에서 우리도 산 돌과 같이 될 수 있는 줄로 믿습니다.

마태복음 21장 44절에 보면, "이 돌 위에 떨어지는 자는 깨어지겠고 이 돌이 사람 위에 떨어지면 저를 가루로 만들어 흩으리라"고 했습니다. 산 돌이신 예수 그리스도는 다니엘서의 거대한 신상을 깨뜨리고 여름 타작마당의 겨와 같이 부수고, 뜨인 돌이 태산을 이루지 않았던가요?

요셉이 형들을 용서할 수 있었던 것은 바로 이러한 하나님의 섭리를 향한 강한 믿음과 소망이 있었기 때문입니다. 손양원 목사의 '사랑의 원자탄' 그 실체는 바로 예수님이었습니다. '나는 할 수 없으나 성경 말씀에 주께서 명령하셨기 때문이라' 고 했습니다. 예수님 때문에 형제를 사랑하고 자매를 용서합니다.

그러므로 이제 우리가 해야 할 일은 우리 자신이 허물과 죄와 율법 가운데서 정죄와 죽음에 처하지 않고 생명의 성령의 법에서 살아났기에 주님과 함께 일어나 주님을 기쁘시게 하는 자가 되어야 할 줄로 믿습니다. 아울러 이제 우리가 예수 그리스도의 모퉁이 돌 되심을 본 받아 시기와 미움과 다툼이 있는 곳에 평화를 이루는 주님의 대사가 되어야 할 것입니다. 이러한 은혜가 우리 교회와 가정 위에 충만하기를 간절히 소망합니다.

부록 2

설문조사

교회 성장과 발전을 위한 설문지 조사
〈조사대상 : 대길교회 성도〉

안녕하십니까? 대길교회 박현식 목사입니다.

지난 3년 동안 저는 미국에서 교회 성장을 위한 실제적이고 영적인 요소들에 관하여 연구하게 되었습니다. 이제 수업 과정을 마치고 논문을 준비하려고 합니다. 특히 제가 담임하고 있는 대길교회의 지난날을 돌아 보고 현재를 진단하여 미래의 전망을 수립하고자 합니다. 여러분들의 의견 제시는 저의 논문을 위해서는 물론 제가 섬기는 대길교회와 나아가 한국 장로교회의 내일을 위해서도 대단히 중요하다고 생각 합니다.

아래의 물음은 맞고 틀리는 정답이 따로 없으므로 평소에 생각하시는 대로 간단하고 솔직하게 기록해주시면 좋겠습니다. 성명을 쓰시지 않아도 좋으며 혹 물음이 이해가 되지 않는 부분이 있으시면 02) 831-9700 목양실로 전화해 주시기 바랍니다. 이 설문지는 저의 논문의 기초 자료와 교회 성장을 위한 고견으로 간직 될 것입니다.

1. 성별?　　　　남( ), 여( )
2. 나이?　　　　만) 12-17( ) 18-25( ) 26-30( ) 30-39( )
　　　　　　　　40-49( ) 50-59( ) 60-69( ) 70이상( )
3. 결혼 여부는? 미혼( ) 기혼( ) 혼자 되심 ( )

4. 대길 교회 등록 년 수는?

　　　미등록자( )　1년 이하( )　2년-5년( )

　　　5-10년( )　10-20년( )　20년 이상( )

5. 현재 거주 형태는?

　　　아파트( )　단독 주택( )　전세( )　월세( )

　　　사택( )　자취 하숙( )　친척 집( )

6. 집에서 교회까지 걸리는 시간은?

　　　도보로 출석( )　차로 30분 이내( )

　　　차로 1시간( )　차로 2시간 이상( )

7. 통상적인 교회 출석은? (다수 선택 가능)

　　　일주일에 한번 주일 오전 예배 ( )

　　　틈나는 대로 일주일에 한번 ( )

　　　주일 오전과 오후에 출석 ( )

　　　주일은 물론이고 수요일 밤 ( )

　　　성경 공부 모임과 다락방 ( )

　　　금요 기도회와 새벽 기도회 ( )

8. 매주 예배 시간을 제외한 교회 봉사 활동 등으로 보내는 시간은?

　　　한 시간 정도( )　1-3시간( )　4-7시간( )

7-10시간( ) 그 이상( )

9. 현재 교회 내에서 맡은 직책은?
    없음( ) 1-2개( ) 3-5개( ) 그 이상( )

10. 본 교회 출석하는 가장 큰 이유 세 가지를 고른다면,
    예배 출석( ) 목회자( ) 장로교단( )
    지리적 이유( ) 교우관계( ) 전통적 이유( )
    친근하다( ) 목회 계획 등( )

11. 본 교회를 등록하게 된 외적인 동기는?
    전도를 받아 새 신자로 ( ) 부모님의 인도로 ( )
    자진하여 옴 ( ) 전입교인 ( )

12. 최근 3년 동안의 교회 활동 여부는?
    증가( ) 감소( ) 변동 없음( )

13. 현재의 교회 상태와 목회자의 지도력에 비추어 볼 때 본 교회 성장의 가능성은?   크다 ( ) 보통이다 ( ) 별로 없다 ( )

14. 본 교회의 개인적인 도움을 위한 심방 여부는?
    적극적이다 ( ) 보통이다 ( ) 소극적이다 ( )

15. 개인 경건 생활에 관하여
    1) 성경 읽기—열심이다 ( ) 보통이다 ( ) 소극적 ( )
    2) 기도 생활—열심이다 ( ) 보통이다 ( ) 소극적 ( )
    3) 헌금 생활—열심이다 ( ) 보통이다 ( ) 소극적 ( )
    4) 봉사 구제—열심이다 ( ) 보통이다 ( ) 소극적 ( )

16. 교회 내에서 친밀한 교제를 나누는 사람은?
    없다 ( ) 한 두명 ( ) 5명 정도 ( ) 10명 이상 ( )

17. 본 교회의 대외적인 활동은?
    적극적인 편 ( ) 보통이다 ( ) 소극적 ( )

18. 본 교회의 음악적인 열심과 수준은?
    적극적인 편 ( ) 보통이다 ( ) 소극적 ( )

19. 본 교회의 강단과 설교의 영향력은?
    적극적이다 ( ) 보통이다 ( ) 소극적 ( )

20. 본 교회의 젊은이를 위한 순서는?
    적극적이다 ( ) 보통이다 ( ) 소극적 ( )

21. 본 교회 어린이 주일학교를 위한 순시들은?
    적극적이다 ( ) 보통이다 ( ) 소극적 ( )

22. 본 교회 방문자와 새신자에 대한 관심은?

    적극적이다 (　) 보통이다 (　) 소극적 (　)

23. 본 교회 주요 정책 결정 과정에 간여하는 사람은?

    목회자 중심 (　) 소수의 사람들 (　) 여론 반영 (　)

24. 교회가 우선적으로 할 일은?

    교육 (　) 전도 (　) 예배 (　) 교제 (　) 봉사 (　)

25. 다음 중에 교회 성장을 위하여 필요한 네 가지를 고르십시오

    새신자양육(　) 어린이교육 (　) 청소년 교육 (　)
    성인 교육 (　) 교제 (　) 주일 예배 (　)
    지도자양성 (　) 성경 공부 (　) 지역사회봉사(　)
    이웃 전도 (　) 선교 훈련 (　) 취미 생활과 건전 오락 (　)

26. 다음 중에 현재 본 교회가 너무 치우치는 것이 있다면 두 가지를 고르십시오.

    새신자양육(　) 어린이교육 (　) 청소년 교육 (　)
    성인 교육 (　) 교제 (　) 주일 예배 (　)
    지도자양성 (　) 성경 공부 (　) 지역사회봉사(　)
    이웃 전도 (　) 선교 훈련 (　) 취미 생활과 건전 오락 (　)

27. 주일 오전 예배를 3부로 나눠 드리는 것은?
　　　　지금이 좋다 (　) 2부 정도가 좋다 (　) 더 나누자 (　)

28. 오후 3시 찬양 예배에 대하여
　　　　1) 시간대에 관하여
　　　　적당하다 (　) 3시 이전으로 (　) 3시 이후로 (　)
　　　　2) 집회 형태에 대하여
　　　　설교 중심 (　) 찬양 중심 (　) 기도 중심 (　)
　　　　성경공부중심 (　) 교제 중심 (　)
　　　　3) 주일 저녁 예배 부활에 대하여
　　　　찬성 (　) 반대 (　) 오후 저녁 둘 다 찬성 (　)

29. 본 교회 성장의 가능성과 2000년대의 전망 (현재 오전 예배 1,000명 출석기준)
　　　　지금 상태가 좋다 (　) 1500명 정도 (　) 배수 증가 (　)
　　　　대 교회로 성장해야 한다 (　)

30. 본 교회가 해야 할 가장 시급한 일 두 가지 선택한다면,
　　　　행정 체제 정비 (　) 교인 심방과 파악 (　)
　　　　강단 보강과 교육 (　) 시설 보완 (　)
　　　　대외 활동 확대 (　) 성경 공부와 기도 역점 (　)

31. 시설 중에 우선적으로 해결할 것 순서대로 세가지를 고른다면?
   교육관 ( ) 선교관 ( ) 예배실 ( ) 주차장 ( )
   사회 봉사 복지관 ( ) 사무실 또는 회의실 ( )
   화장실 ( ) 식당 및 교제실 ( ) 상담실 ( )
   서점 및 도서실 ( )

32. 위의 시설 보완을 위한 계획을 시행한다면?
   당장 시작해야 한다 ( ) 최소한 5년 내 시작해야 한다 ( )
   10년 이후에 해도 된다 ( )

33. 목회자에게 가장 바라고 싶은 항목
   기도 ( ) 말씀 ( ) 심방 ( ) 행정 ( )
   교육 ( ) 선교 ( ) 대외 활동 ( )

34. 현재의 교회 생활은?
   만족한다 ( ) 보통이다 ( ) 불만이다 ( )

35. 교역자들에 대한 견해는?
   좋다 ( ) 보통이다 ( ) 불만이다 ( )

36. 좋은 이유는?

심방 ( ) 설교 ( ) 교육 ( ) 행정 ( )
성격 ( ) 경건 생활 ( )

37. 불만의 이유는?
심방 ( ) 설교 ( ) 교육 ( ) 행정 ( )
성격 ( ) 경건 생활 ( )

38. 당회원들에 대한 견해는?
좋다 ( ) 보통이다 ( ) 불만이다 ( )

39. 좋은 이유는?
신앙 ( ) 행정 등 일 처리 ( ) 인격 ( )

40. 불만의 이유는?
신앙 ( ) 행정 등 일 처리 ( ) 인격 ( )

41. 지난 날 교회 생활 중에 가장 감사하였던 일은?
교회 봉사 ( ) 예배당 건축 ( ) 교회 성장 ( )
영적 체험 ( ) 자녀와 가정의 축복 ( ) 전도의 열매 ( )
임직 ( ) 교회 행사 ( )

42. 지난 날 교회 생활 중에 가장 힘들었던 일은?
예배당 건축 ( ) 총력 전도 주일 ( ) 교역자 이동 ( )

내적인 분열 ( ) 자녀와 가정의 문제 ( ) 교회 봉사 ( )
대인 관계 ( ) 헌금 생활 ( )

43. 지난 날 본 교회 성장 또는 신앙 생활과 연관하여 존경하는 직분 세 가지를 순서대로 고른다면?

목회자 ( ) 부교역자 ( ) 장로 ( ) 안수 집사 ( )
권사 ( ) 서리 집사 ( ) 교사 ( ) 성가대 ( )
목자 ( ) 권찰 ( )

44. 지역 사회를 위한 봉사의 공헌도는?

높은 편이다 ( ) 보통이다 ( ) 낮은 편이다 ( )

45. 교회 내의 지방색은?

심각하다 ( ) 보통이다 ( ) 미미하다 ( )

교회 성장과 발전을 위한 설문지 조사
〈조사대상 : 남서울노회 노화원〉

남 서울 노회 회원 귀하 - 1996. 10. 15.(화)
■ 설문 응답자 분류를 위한 질문

1. 연령은?

    1) 30대

    2) 40대

    3) 50대

    4) 60대 이상

2. 현재 교회 내에서의 직분은?

    1) 담임 목사

    2) 부 교역자

    3) 장로

    4) 기타

3. 교회 등록은?

    1) 유아 시절

    2) 주일학교 시절(학생)

    3) 그 이후

4. 현재 시무 중인 교회의 주일 오전 예배 평균 출석률은?

    1) 100명 이하

    2) 300명 이하

    3) 500명 이하

    4) 1,000명 이하

    5) 1,000명 이상

■ 교회 성장 요인 분석

5. 현재 귀 교회에서 추진하고 있는 행사는?

    1) 주로 양적 성장에 초점

    2) 주로 질적 성장에 초점

    3) 둘 다 똑같은 비중을 둔다.

    4) 특별히 비중 두는 것이 없다.

    5) 다른 방향: _____

6. 현재 귀 교회에서 양적인 성장을 위해 주력하고 있는 분야는?

    1) 이웃 전도

    2) 사회 봉사

    3) 국내 선교

    4) 해외 선교

    5) 예배 출석

    6) 기타

7. 현재 귀 교회에서 질적인 성장을 위해 주력하고 있는 분야는?

　　1) 설교

　　2) 금요 기도회

　　3) 새벽 기도회

　　4) 성경 공부와 제자 훈련 과정

　　5) 기타

■ 대길 교회의 성장과 비전에 대한 견해

▷과거의 이미지

8. 대길 교회에 대해서 아신지 얼마나 되십니까?

　　1) 최근

　　2) 약 10년 정도

　　3) 약 20년 정도

　　4) 거의 30년 정도

　　5) 설립 당시부터(40년 정도)

※잘 모르시는 분은 과거의 이미지를 답변하지 않으셔도 됩니다.(10-15번)

9. 과거 대길 교회의 전반적인 이미지는?

　　1) 보수적

　　2) 신보석

　　3) 뚜렷한 이미지가 없었다.

10. 교역자와 당회 간의 관계에 대해서 어떻게 알고 있었습니까?
   1) 갈등이 많다고 들었다.
   2) 별다른 갈등이 없다고 알고 있다.
   3) 갈등의 정도가 심각했다.
   4) 잘 모른다.

11. 과거 대길 교회의 부정적인 이미지의 주된 원인을 고른다면?
   1) 교역자
   2) 장로
   3) 집사
   4) 평신도
   5) 잘 모른다

12. 과거 대길 교회를 교회 성장의 양적 측면에서 평가해본다면?
   1) 성장하는 교회
   2) 정체하는 교회
   3) 성장하지 못하는 교회
   4) 잘 모른다

13. 대길 교회 설교의 영향력에 대해서는 어떻게 들으셨는지?
   1) 적극적이었다.

2) 소극적이었다.

3) 별다른 영향력이 없었다.

4) 잘 모른다.

14. 대외적인 활동(노회 관련 사업)에 대해서는?

   1) 지금 보다 활동적이었다.

   2) 지금보다 소극적이었다.

   3) 지금과 마찬가지이었다.

   4) 잘 모른다.

▷최근 3년 동안의 대길 교회 이미지

15. 최근 3년 동안 교회 내적 활동은?

   1) 증가 추세

   2) 감소 추세

   3) 정체 상태

   4) 잘 모르겠다

16. 최근 3년 동안 남 서울 노회에서의 활동은?

   1) 증가 추세

   2) 감소 추세

   3) 정체 상태

   4) 잘 모르겠다

17. 최근 3년 동안 지역 사회에 대한 활동은?

    1) 증가 추세

    2) 감소 추세

    3) 정체 상태

    4) 잘 모르겠다

18. 최근 3년 동안 당회원들에 대한 이미지는?

    1) 바람직하다

    2) 부정적이다

    3) 잘 모르겠다.

    4) 그저 그렇다

19. 교회의 내부 시설에 대해서 어떻게 생각하십니까?

    1) 나쁘지는 않다.

    2) 좀 더 확장해야 한다.

    3) 잘 모르겠다.

20. 교회의 주차시설에 대해서는 어떻게 생각하십니까?

    1) 문제없다.

    2) 너무 비좁다.

    3) 어느 정도 변화가 필요하다.

▷미래의 이미지

21. 앞으로 21세기를 바라보며 대길 교회가 주력 해야 할 분야는?

    1) 교회 건축

    2) 새신자 양육

    3) 어린이 교육

    4) 청소년 교육

    5) 장년 교육

    6) 지도자 양성

    7) 지역사회 봉사

    8) 전도

    9) 선교 훈련

    10) 기타_____

22. 귀하가 생각하기에 본 교회가 해야 할 가장 시급한 일 두 가지를 선택하면?

    1) 행정 체제 정비

    2) 교인 심방

    3) 강단 보강

    4) 시설 보완

    5) 대외 활동 확대

6) 성경 공부와 기도에 역점

        7) 전도와 선교 사역

        8) 구제와 장학 사업

        9) 기타_____

23. 교회 주차시설을 확장한다면?

        1) 현재 상태

        2) 40대 정도

        3) 70-80대 정도

        4) 그 이상

24. 본 교회 목회자에게 앞으로 가장 바라는 항목은?

        1) 기도

        2) 말씀

        3) 심방

        4) 행정

        5) 교육

        6) 선교

        7) 대외 활동

        8) 기타:____

25. 본 교회 장로들에게 앞으로 가장 바라는 항목은?

1) 기도
2) 말씀
3) 심방
4) 행정
5) 교육
6) 선교
7) 대외 활동
8) 기타:____

교회 성장과 발전을 위한 설문지 조사
〈조사대상 : 대길교회 주변 지역주민〉

금번 대길교회에서는 교회설립 40주년을 맞이하여 저희 교회 주변에 사시는 주민 여러분들의 의견을 듣고 21세기를 준비하며 지역사회를 위해 사랑을 실천하는 교회가 되고자 합니다. 이를 위해 설문조사를 준비하였으니 기쁘게 협조해 주시면 감사하겠습니다.

■ 응답자 분류를 위한 질문

1. 응답하시는 분의 연령은?
  ① 20대
  ② 30대
  ③ 40대
  ④ 50대
  ⑤ 60대 이상

2. 응답하시는 분의 종교는?
  ① 무교
  ② 기독교
  ③ 불교
  ④ 천주교
  ⑤ 기타

3. 현재 거주 형태는?
   ① 자택
   ② 전세
   ③ 월세
   ④ 기타

4. 현재 자가용을 가지고 계십니까?
   ① 있다
   ② 없다

5. 대길교회 주변에 거주 하신지 얼마나 되셨습니까?
   ① 1년 이내
   ② 3년 이내
   ③ 7년 이내
   ④ 그 이상

■ 일반적인 교회에 대한 견해

6. 다른 교회에 한번이라도 가보신 적이 있습니까?
   ① 최근에
   ② 과거에
   ③ 전혀 없다

7. 일반적인 교회에 대한 귀하의 느낌은 어떻습니까?
   ① 좋다
   ② 별로 좋지 않다
   ③ 아주 나쁘다
   ④ 그저 그렇다

8. 일반적인 교회에 대한 귀하의 선입견의 이유를 말한다면?
   ①
   ②
   ③

■ 대길교회에 대한 견해

9. 대길교회에 한번이라도 오신적이 있습니까?
   ① 최근에
   ② 과거에
   ③ 전혀 없다

10. 참석해 보신 소감은?
    ① 좋았다
    ② 좋지않았다
    ③ 모르겠다

11. 교회에 나가자고 권유하는 사람이 있었습니까?
    ① 자주 권유 받는다
    ② 가끔 권유 받는다
    ③ 한 두 번 있었다
    ④ 전혀 없다

12. 대길교회에 대한 귀하의 소감은 어떻습니까?
    ① 좋다
    ② 별로 좋지 않다
    ③ 아주 나쁘다
    ④ 그저 그렇다

13. 대길교회에 대한 귀하의 소감은 어떤 이유 때문입니까?
    ①
    ②
    ③

14. 앞으로 대길교회가 지역 사회를 위해서 했으면 하는 일은?
    ①
    ②
    ③

15. 대길교회 주변에 거주하시면서 가장 불편하셨던 점은?

① 주차

② 소음

③ 방문

④ 기타

16. 교회 주차장 시설을 이용하십니까?

① 자주한다

② 가끔한다

③ 전혀 안한다

17. 주차장 이용에 대한 좋은 의견이 있으시면

① 주차시설 확장

② 주차요원 필요

③ 기타

■ 대길교회 교인에 대한 견해

18. 아시는 분 중에 대길교회에 다니시는 분들이 있습니까?

① 있다

② 없다

③ 모르겠다

※ 다음 문항에서 해당하는 항목이 있으면 ○, X로 표시해 주십시오

19. 대길교회 다니시는 분들 중에 좋은 인상을 주는 분들은?
   ① 가정생활이 좋아 보입니다
   ② 자녀 교육이 훌륭하다
   ③ 그 분들이 말에서 어떤 신뢰감을 느낄 수 있다
   ④ 신앙생활을 열심히 하는 것으로 압니다
   ⑤ 다른 사람들에게서도 좋은 이야기를 많이 듣습니다
   ⑥ _____

20. 대길교회 다니시는 분들 중에 나쁜 인상을 주는 분들은?
   ① 가정생활이 좋지 못하다
   ② 자녀 교육에 문제가 많다
   ③ 그 분들이 말에서 어떤 신뢰감을 느낄 수 없다
   ④ 신앙생활을 열심히 하는 것 같지만 생활이 형편없다
   ⑤ 다른 사람들에게서도 좋지 않은 이야기를 많이 합니다
   ⑥ _____

※ 설문 조사에 응해 주셔서 진심으로 감사드립니다. 앞으로 이 자료를 기초로 하여 신길동 주민과 함께 사랑을 나누는 대길교회가 될 수 있도록 많은 격려를 바랍니다.

참고문헌

[Foreign Books]

Anderson, Kenneth E. & Haugh, Oscar M.
  A Handbook for the Preparation of Research Reports and Theses.
  Lanham: University Press of America, 1978.

Auren, Uris.
  How to Be a Successful Leader.
  Mcgraw Hill Book Co. 1953. New York, Toronto, London.

Barbralee Diamostein,
  Building Reborn. New York: Harper & Row, 1982.

Barker, Joel Arthur.
  Discovering the Future: The Business of Paradigms.
  St. Paul, Minn: Infinity Limited Institute Press, 1988.

Bellah, Robert N., Madwen, Richard, Sullivan, William M., Swindler, Ann, & Tipton, Stephen M.
  Habits of the Heart: Individualism and Commitment in American Life.
  New York: Harper & Row, 1985.

Blackburn, Bill, & Blackburn, Deana M.
  Caring in Times of Family Crisis. Nashville, TN., 1987.

Brown, Jr. Truman, Jere Allen,
  Church and Community Diagonosis Workbook.
  Nashiville, Tennessee, Convention Press, 1986.

Brown, J. Douglas.
  The Human Nature of Organizations.
  New York: AMACOM, 1973.

Catanese, Anthony J. & Synder, James C.

Introduction to Urban Planning. New York: McGraw-Hill, 1979.

Cho, Paul Yonggi. Successful Home Cell Groups.
   Plainfield, NJ: Logos International, 1981.

Cho, Paul Yonggi., & Manzano, R. Whitney.
   More Than Numbers. Waco, Tex.: Word Books, 1984.

Clark, Stephen B.
   Building Christian communities: Strategy for Renewing the Church,
   Notre Dame, IN.: Ave Maris Press, 1972.

Clinebell, Howard J., Jr.
   The People Dynamic: Changing Self and Society Through Growth Groups.
   New York: Harper & Row, 1972.

Collins, J. B.
   Get a Glimpse of the World's Largest Church.
   Chattanooga: Private Publication, 1973.

Davis, Stanley M.
   Future Perfect. New York: Addison-Wesley, 1987.

Dawson, John.
   Taking Our Cities for God: How to Break Spiritual Strongholds.
Lake Mary, FL.: Creation House, 1989.

Diamostein, Barbaralee.
   Buildings Reborn. New York: Harper & Row, 1982.

Doering, Jeanne.
   The Power of Encouragement: Discovering Your Ministry of Affirmation.
   Chicago: Moody Press, 1983.

Ducker, Peter F.
   Innovation and Entrepreneurship: Practice and Principles.

New York: Harper & Row, 1985.

Dudley, Carl S.
    Making the Small Church Effective. Nashville: Abingdon Press, 1978.
Edga Lion, Building Renovation and Recycling. New York: McGraw Hill, 1982.

Friedman, Edwin H.
    Generation to Generation. New York: the Guilford Press. 1985.

Galloway, Dale E.
    Lay Pastor Training Manual for Successful Home Group Meetings.
Portland, Ore.: New Hope Community Church, n.d.

Garlow, James L. Partners in Ministry: Laity and Pastors Working Together.
Kansas City, Mo.: Beacon Hill Press of Kansas city, 1981.

George, Carl F., & Bird, Warren.
    How to Break Growth Barriers. (2nd Printing)
Grand Rapids, Michigan 49516: Baker Book House, 1993.

George, Carl F.. Prepare Your church for the Future. Grand Rapids,
    Michigan 49516: Fleming H. Revell A Division of Baker Book House Co.

Gilbert, Larry. Team Ministry. Lynchburg, VA. Church Growth Institute, 1987.

Goslin, Thomas S.
    The Church Without Walls. Pasadena, CA.: Hope Publishing House, 1984.

Harper, Michael. Let My People Grow: Ministry and Leadership in the Church
London: Hodder & Stoughton, 1977.

Hubbard, David Allan. Unwrapping Your Spiritual Gifts.

Waco, TX: Word Books, 1985.

Jacobsen, Marion Leach.
   Crowded Pews and Lonely People.
   Wheaton, IL: Tyndale House Publishers, 1972.

John Hesselink,
   On Being Reformed, Distintive Charateristis and Common Misunderstaning.
   Mishigan: Servant Books, 1983, p.7.

Journal: Leadership Spring, Summer, Winter, 1995.

Leroy, Eims. Be a Motivational Leader. USA, Canada, England: Victor Books,
A Division of Scripture Press Publications Inc.

Lion, Edgar. Building Renovation and Recycling. New York: McGraw-Hill, 1982.

Logan, Robert E.
   Beyond Church Growth. Old Tappan, N.J.: Fleming H.Revell Co., 1989.

McGovern, Donald A.
   Understanding Church Growth.(3rd ed).
   Grand Rapids, Michigan: Eedmans Pub. Co.

Maney, Thomas.
   Basic Communities: A Practical Guide for Renewing Neighbourhood Churches.
   Minneapolis, MN: Winston Press, 1984.

Maxwell, John C.
   Developing the Leaders around You.
   Nashville, Atlanta: Thomas Nelson Publishers, 195.

Migliore, Henry R.

Church and Ministry Strategic Planning from Concept to Success. Binghamton, NY: Haworth Press, 1994.

Naisbitt, John.
    Mega trends: Ten New Directions Transforming Our Lives.
    New York: Warner Books, 1982.

Neighbour, Ralph W., Jr., & Thomas, Cal.
    Target-Group Evangelism. Nashville, TN: Broadman Press, 1975.

Newton, Tom. Worship; A Ten Lesson Series.
    Fresno, CA.: The Small Group Network, 1989.

Ott, E. Stanley.
    The Vibrant Church: A People Building Plan for Congregational Health,
Ventura, CA.: Regal Books, 1989.

Ritchel, Russell Holmes, Jr.
    Proclaiming And Re-Defining a culture Of Outreach At First Presbyterian Church.
    (Winston Salem, North Carolina, Church Growth)
    Unpublished doctoral dissertation. Fuller Theological Seminary, 1996.

Sale, Kirkpatrick.
    Human Scale. New York: Coward, McCann & Geoghegan, 1980.

Schmitt, Abraham and Dorothy.
    When a Congregation Cares: A New Approach to Crisis Ministry.
    Scottsdale, PE: Herald Press, 1986.

Schuler, Robert H.
    Your Church Has a Fantastic Future! Ventura, CA.: Regal Books, 1986.

Simmons, Kim Kerr.
    How To Merge Split Churches: A Case Study (Church Consolidation).
    Unpublished dissertation. Dallas Theological Seminary, 1996.

Towns, Elmer L.
   An Inside Look at the Ten of Todays Most Innovative Churches.
   Ventra, CA.: Regal Books, 1990.

Ver Straten, Charles A.
   How to Start Lay-Shepherding Ministries.
   Grand Rapids, MI.: Baker Book House, 1983.

Wagner, C. Peter., McGavran, Donald A.
   Understanding Church Growth (3rd ed.).
   Grand Rapids, MI.: William B. Eerdmans Publishing Company,
   Reprinted, August 1991.

Wagner, C. Peter.
   Spiritual Power and Church Growth.
   Altamonte Springs, Fl.: Strag Communications Co., 1986.

Warren, Rick. The Purpose Driven Church.
   Grand Rapids, MI.: Zondervan Publishing House, 1995.

Wilson, Charles R.
   Under Authority: Supervision and Church Leadership.
   Arvada, Co.: Jethro Publications, 1989.

Wilson, R. Joe.
   Church Growth Strategies For Lakewood Christian Church.
   Unpublished doctoral dissertation. Fuller Theological Seminary, 1993.

[Internet Resources]

http://members.iworld.net/hahngoon/vision/pro210.html
http://www.knou.ac.kr/~kwkim/98hyunsa.htm
http://my.netian.com/~king4092/04.htm
http://members.tripod.co.kr/trie/newliberalism.htm
http://my.netian.com/~choilee/analog.htm

http://www.nsm.go.kr/center/html/nsm04010121.html
http://www.kjmbc.co.kr/column/99/325.htm
http://plaza.snu.ac.kr/~usoc/write/samsung.htm
http://www.kosoo.pe.kr/

한국 도서

김광욱. '교회 건축 미담'. 성광문화사. 1995.
김동환. 교회 거품 빼기. 나침반사. 1998.
김종렬. 한국 교회의 목회 패러다임. 목회교육연구원. 한돌출판사. 1999.
김진숙, '리노베이션 건축 행위의 계획 방향에 관한 연구', 단국대학교 석사학위논문, 1990.
던 커즌스외 공저. 이인식역. 교회 관리, 어떻게 할 것인가? 도서출판 횃불. 1994.
데이빗. 씨맨즈 저, 송헌복 역. '상한 감정의 치유'. 두라노 서원. 1981.
랄프 네이버. 정진우 역. '셀교회'. 도서출판 NCD. 2000
로리 베스 존스 지음, 송경근. 김홍섭 역. 최고 경영자 예수. 한국언론자료 간행회. 2000.
매일 경제 신문사 국제부편. IMF 한국이 바뀐다. 매일경제신문사. 1998.
명성훈. 당신의 교회도 성장할 수 있다. 국민일보사. 1994.
박성수. '역사적인 건물의 보존'. 석사학위 논문 서울: 공간, 1986.
비슷한 자료, 박홍배, '한국 전통 건축의 외부 공간에 관한 연구', 성균관대학교 석사학위논문.
박학수, '초등학교 유휴 교실의 리노베이션을 통한 병설유치원 계획에 관한 연구', 연세대학교 석사학위논문, 1997.
삼성경제연구소. IMF 충격, 그 이후. 삼성경제연구소. 1998.
스티븐 코비. 김경섭. 박창규 역. '원칙 중심의 리더십'. 김영사. 2001.
여상기 편역. 〈21세기 목회경영과 평신도사역〉. 크리스천헤랄드. 1999.
옥한흠. 평신도를 깨운다. 두란노. 2000.
원안저. 이윤호 옮김. 나도 교회 성장을 진단할 수 있다. 베다니 출판사. 1994.
윤상한. '리노베이션 계획'. 석사학위 논문, 충남대학교. 1997.
이근규. 낡은 건물의 연구. 건국대학교 석사 논문. 1996.
이근만. 〈디지털〉. 도서출판 대웅. 1998.
이소영, '주택의 리노베이션에 관한 연구', 홍익대학교 석사학위 논문, 1987.

이의용. 〈고정관념을 믿습니까?〉. 쿰란 출판사. 1995.
이호진, 〈건축 계획 설계론〉, 월간 건축 문화사, 1989.
장학일. 교회의 체질을 바꿔라. 대한기독교서회. 1999.
정성구, 〈21세기 개혁교회는 살아남을 것인가?〉, 대한예수교장로회총회. 1999.
찰스 제퍼슨. 김점옥 역. '이런 목회자가 교회를 성장시킵니다'. 엘맨. 1996.
하판봉. 박영석.김희석. 〈디지털 전자공학〉. 시그마프레스. 1997.
한국기독교문화연구소 편, 〈한국 교회 성장둔화 분석과 대책〉 숭실대학교 출판부. 1998.
한국 장로교 신학 연구소. 〈한국 교회의 미래〉 서울, 온누리, 1994.
한홍. '거인들의 발자국'. 두란노. 2000.
황윤주, '박물관 리노베이션의 유형과 적용에 관한 연구', 영남대학교 석사학위논문, 1999.